熱気・五輪・1964
― 定点観測者としての通信社 ―

Passion・Olympics・1964
― A news agency as eyewitness ―

公益財団法人 新聞通信調査会
Japan Press Research Institute

報道写真展「熱気・五輪・1964」
開催に当たって

　1年足らずに迫った2020東京オリンピック・パラリンピックを前に、市川崑監督の映画「東京オリンピック」を見ました。鉄球が古いビルを解体する出だしのシーンは鮮明に覚えていましたが、「オリンピックは人類の持っている夢のあらわれである」との冒頭の字幕は記憶がありませんでした。1964年、私は中学生でしたから無理もありませんが、夜の闇に聖火が消えるラストの字幕は「夜、聖火は太陽へ帰った。人類は4年ごとに夢をみる……」と結ばれています。

　サッカーW杯をはじめ世界的なスポーツイベントは増えましたが、理想や役割を問う大会はオリンピックだけでしょう。半世紀以上前の1964東京オリンピックの「夢」とはいったい何だったのか。オリンピック・イヤーを控えて、もう一度振り返ってみるために写真展「熱気・五輪・1964」を企画しました。当時を体験として記憶している世代は60歳代以上になりますが、ぜひ若い世代にもこの写真展で"体験"してもらいたいと思います。

　1964年という時代は、新しい日本と古い日本の風景が交錯していました。展示写真で前者は夢の超特急・東海道新幹線であり、外国と見まがう名神高速道路インターチェンジの幾何学模様。後者は集団就職で上京した中卒者の姿であり、東京下町の路地裏でゴム跳びをして遊ぶ子供たちの風景です。日本で、またアジアで初めてのオリンピック開催は、その後の高度経済成長の起爆剤になったと評価されています。

　そうした中で、金16、銀5、銅8個のメダルを獲得した日本選手の活躍は、国民に自信を与えたと言えるでしょう。とりわけ「東洋の魔女」「回転レシーブ」などの流行語を生んだ女子バレーボールの金メダルは、日本の「勢い」を象徴していたように思います。ソ連（当時）との決勝戦は視聴率なんと66.8%。「オニの大松」こと大松博文監督の「おれについてこい」「なせばなる」は著作のタイトルになりましたが、当時の「時代の空気」でもありました。

　では、2020年はどうでしょうか。1964年が「勢い」だったとすれば、「成熟」がモチーフと言えるかもしれません。とりわけ注目されるのがパラリンピック。前回東京の参加国は22カ国、375人でしたが、来年は160を超える国・地域、史上最多の4400人になる見通しです。大会を通じて、ハンディキャップを持った人々に優しい成熟社会の契機にしたいものです。オリンピックには巨大化、商業化の批判もありますが、一方で国民の80%（NHK世論調査、2017年）もの人が関心を持っているイベントです。2020年、どんな「夢」を見させてくれるでしょうか。

　今回の写真展は、日本の代表的通信社の一つである共同通信社の全面的な協力を得ました。定点観測者としての通信社の役割についてもご理解いただければ幸いです。

公益財団法人 新聞通信調査会
理事長　西沢　豊

Chairman's Greetings
Photo Exhibition: Passion·Olympics·1964
— A news agency as eyewitness —

I recently watched director Kon Ichikawa's "Tokyo Olympiad," an official documentary about the 1964 Summer Olympics, with the Tokyo 2020 Olympic and Paralympic Game less than one year away. I vividly remembered its opening scene of a wrecking ball breaking down an old building but had no recollection of a caption of the Olympics, "The Olympics are a symbol of human aspiration." I was a junior high school student in 1964. The documentary ended with a caption describing the Olympic torch going out, saying, "Night, and the fire returns to the Sun; for humans dream thus only once in four years."

The number of global sporting events, such as the FIFA World Cup, has increased, but the Olympics are probably the only competition that inspires ideals and roles. What was the "dream" of the Tokyo 1964 Olympics? We organized this photo exhibition titled "Passion·Olympics·1964" to look back on the 1964 Games ahead of the upcoming Olympic year. The people who had firsthand experience of the Tokyo 1964 Olympics are now over 60 years old, but we want the younger generations to come and enjoy the photo exhibition.

The year 1964 represented a mixture of new and old Japan. The photos of new Japan on display show the Tokaido Shinkansen Line and one of the Meishin Expressway's geometrically-designed interchanges, while those of old Japan capture images of junior high school graduates arriving in Tokyo for mass employment and children in downtown Tokyo enjoying a jump rubber rope. The 1964 Olympics were the first in Asia and widely credited with spearheading Japan's subsequent high economic growth.

Japanese athletes won 16 gold medals, five silvers and eight bronzes, giving the Japanese people confidence. The women's volleyball gold produced buzzwords like the "Witches of the Orient" and the "rolling dive" technique, symbolizing Japan's momentum. The final against the Soviet Union generated a whopping 66.8 percent TV rating. Coach Hirobumi Daimatsu, described by his players as "Demon Coach," later wrote books about his mantras – "Don't Hesitate, but Just Follow Me" and "If You Try Harder, You Can Undoubtedly Accomplish It."

Now comes 2020. If the year 1964 was described as being a swell of momentum, maturity may be the motif of 2020. The Paralympics, in particular, will draw special attention. A total of 375 athletes from 22 countries participated in the last Tokyo Paralympics, as compared with a record 4,400 athletes from over 160 countries and regions at Tokyo 2020. We would like to seize the opportunity to help Japan turn into a mature society friendly to handicapped people. Although the Olympics are under fire for becoming too enormous and commercialized, 80 percent of the Japanese public expressed interest in the upcoming Olympics and Paralympics, according to public broadcaster NHK's opinion poll in 2017. What kind of dreams will the Games bring us?

This photo exhibition is held with the full cooperation of Kyodo News, Japan's leading news agency. We really hope it will help you gain an understanding of news agencies as an eyewitness of history.

Yutaka Nishizawa
Chairman
Japan Press Research Institute

目次 / Contents

図版 / Plates

7 —— プロローグ　熱気の中身
Prologue: An International Circus is Coming

11 —— 東京五輪・熱戦とその周辺
Tokyo Olympics・Competition and Background

67 —— 今昔風景ピックアップ — 半世紀を隔てて
Scenes: Past and Present

81 —— 1964という時代
Years Leading to 1964

123 —— エピローグ　様変わりした五輪の迎え方
Epilogue: Radical Change in Welcoming Olympics

129 —— 東京オリンピックがあった頃／川本三郎

133 —— 大きな祭の少し前に／東　直子

凡例
・特に年号のない写真は1964年の撮影。
・図版の配列は各項目内で原則日付順である。
・日付のない写真は日付が特定できなかったものである。

プロローグ　熱気の中身
Prologue: An International Circus is Coming

　江戸の面影も一部に残り、空襲の傷跡、戦後の闇市のなごり、高度経済成長の象徴としての新築ビルなどが雑然と同居する都市。それが1964年を迎える東京の姿だった。それはおおむね地面という2次元に張り付いていた。高層ビルは増えてきていたが、超高層ビルは1棟もなく、できたばかりの東京タワーが垂直に伸びてあたりを睥睨（へいげい）していた。

　人々の生活と心もいまだ地をはっていた。戦後の荒廃から立ち上がり、豊かさを求めて疾走した昭和30年代の終わりとなるこの年、「食べる」のが精いっぱいだった庶民が少しは「ゆとりと楽しみ」を見いだすようになっていた。

　そんなところに国際大サーカスのようなオリンピックがやってきた。見たこともない外国人の肉体美の競演に酔いしれながら、あこがれと、忘れかけていた愛国心をかきたてられ、その一方で日本の後進性へのコンプレックスにも襲われた。

　その雰囲気はよく「熱気」という言葉で表されるが、明るく前向きで余裕のある熱気ではなかった。貧困、格差、差別、イデオロギーの対立などが広く、深く社会を覆っていたし、世界を見ればキューバ危機、中ソ対立、第三世界の民族独立運動をはじめとして激動と不安定が支配していた。しかし「今日より明日」という生活改善への期待と平和への願望が人々の熱気をつくりだしていた。

　新幹線、高速道路、モノレール、新競技施設といった駆け込みのハード建設から、人々の「おもてなし」精神まで、外国人に恥ずかしい姿を見せたくないという意地から発していた。そしてそれらは予想以上の国際的評価を得た。

　あれから半世紀以上たち、日本が国力でもスポーツの実力でもより自信を深めた上で行われる「2020五輪」。一方で「1964年」にあった新鮮さとひたむきさ、謙虚さは失われた。

There were residues of the old capital Edo, damage from the U.S. air raids and remaining signs of postwar black markets as well as new buildings under construction as symbolic of high economic growth. These represented Tokyo in 1964. The Japanese capital had two dimensions then. Although the number of high-rise buildings was increasing, there were no skyscrapers and the newly built Tokyo Tower dominated the landscape.

　The life and minds of the people were still close to the ground. They had recovered from the ruins of World War II and worked hard in search of wealth in the early 1960s. Ordinary people started finding comfort and pleasure after overcoming postwar hunger.

　Then came the Olympics, like a large-scale international circus. The Japanese people were overwhelmed by the competition from foreign athletes. They had a feeling of yearning and a renewed sense of patriotism, while suffering from an inferiority complex about their backwardness.

　The mood then was often described as "passion" but it was not bright, forward-looking and relaxing. Poverty, disparity, discrimination and conflicting ideologies deeply engulfed society. Outside Japan, upheavals and instability dominated the world, as exemplified by the Cuban missile crisis, China-Soviet confrontations and independence movements in the Third World. But the people were passionate about their expectations of a better life and a desire for peace. The Japanese were in a hurry to build infrastructure such as the superexpress Shinkansen, expressways, the Tokyo monorail and new athletic facilities, combined with the spirit of "omotenashi" (hospitality), to avoid feeling embarrassed in the eyes of foreigners. And their efforts were globally praised more than they had anticipated.

　More than half a century has passed since then. The Tokyo 2020 Olympics and Paralympics will be held at a time when Japan is becoming more confident of its national power and sports. But Japan has lost a sense of freshness, dedication and humility.

1. 国立競技場で開会式
   Opening Ceremony at National Stadium

10月10日、東京五輪の開会式が行われた国立競技場（中央）。奥に東京タワーが見える。

The opening ceremony of the Tokyo Olympics is held at National Stadium (C) on Oct. 10, 1964. In the distance is Tokyo Tower.

2. 新国立競技場
New National Stadium

2019年7月8日、工事が仕上げの段階に入った新国立競技場。

New National Stadium under construction, as seen in this photo taken July 8, 2019.

東京五輪・熱戦とその周辺
Tokyo Olympics・Competition and Background

　東京五輪開会式が行われた1964年10月10日の前夜、東京は激しい雨に見舞われた。心配された当日、信じられないような秋晴れの空にアジア初の五輪開会を告げるファンファーレが鳴り響いた。参加国・地域は当時史上最多の93に及んだ。

　15日間の熱戦で、日本は金16をはじめ計29個のメダルを獲得した。体操、柔道、レスリングなど「お家芸」といわれた競技でメダルを量産したほか、特筆すべきは日本女子として五輪史上2個目となる金に輝いた女子バレーボールチームの活躍だった。しかし、陸上競技や水泳では米国をはじめ世界のレベルとの差を思い知らされた。

　競技の成績もさることながら、関係者が最も気をもんだのは大会運営だった。戦後復興と高度経済成長をアピールするとともに、世界平和と諸国、民族の融和をうたい上げるという大会の理念に照らして、大きな事故やトラブルの発生は許されなかった。

　一部の国の選手団が政治的理由で参加できなかったり、亡命希望が相次いだりしたが、懸念はほぼ杞憂に終わった。戦後の日本で、世界レベルの競技会開催の実績が乏しかったことは、かえって関係者の緊張感を生み、市民間でも協力や交流への意識が高まった。各国選手たちの多くは良好な受け入れ態勢や友好的な雰囲気に満足を示した。

　11月8日からは東京パラリンピックが開かれ、今日の障害者スポーツ発展につながる歴史の1ページを演出した。

　10月10日は「体育の日」として新たな国民の休日となり、市民がさまざまなスポーツに親しむようになるひとつのきっかけとなった。

　Tokyo had heavy downpours on the eve of the Oct. 10 opening ceremony of the 1964 Olympics. There was a fanfare under blue skies to celebrate the start of the first Olympiad in Asia with a record 93 countries and regions participating.

　During the 15-day competition, host Japan captured 29 medals, including 16 golds. Japanese athletes collected medals in gymnastics, judo, wrestling and other sports for which Japan was famous, along with the women's volleyball team's victory in the final, Japan's second gold medal for women in Olympic history. But Japan ended up an also-ran in track and field, and swimming events.

　But aside from athletic performances, the Japanese organizers were most concerned about the management side. They did everything to prevent any big accidents and problems from occurring while demonstrating Japan's postwar reconstruction and high economic growth under the theme of world peace and harmony.

　They breathed a sigh of relief after their concerns proved unfounded, although some delegations could not compete due to political reasons and certain foreign athletes sought asylum in Japan. In the absence previously of world-class athletic events in postwar Japan, the heightened tensions among the organizers prompted ordinary Japanese citizens to help and promote exchanges with foreign visitors. Many foreign delegates were satisfied with Japanese hospitality.

　The Tokyo Paralympics started Nov. 8, marking a major chapter in the history of sports for the handicapped that has led to their development to this day.

　Oct. 10 was later designated as a national holiday called Sports Day and became a springboard for the Japanese to familiarize themselves with a wide variety of sporting events.

祭典を迎える

3. 五輪入場券の抽選会
Olympics Ticket Lottery

1月22日、東京五輪の開閉会式の「入場券抽せん会」が東京・日比谷公会堂で行われた。競争率の最高は開会式の1等席で約195倍、最低でも閉会式5等席の約16倍。

A ticket lottery for the Tokyo Olympics opening and closing ceremonies is held at Hibiya Public Hall on Jan. 22, 1964.

4. 世相を映した五輪びな
Special Olympics Dolls

1月24日、人形メーカーが世相を映した変わりびなを発表した。びょうぶの部分に五輪マークを使用していた「五輪びな」は、標章を管理するオリンピック委員会が無断使用として、一時告訴を検討した。しかし、メーカー側の販売しないとの確約を受け、告訴が見送られた。

A Japanese doll maker unveils special Olympics dolls on Jan. 24 ahead of the Doll's Day festival.

5. 建設進む日本武道館
   Nippon Budokan under Construction

4月28日、東京・北の丸公園で五輪に向けて建設が進む日本武道館。五輪新種目として行われる柔道の試合会場にふさわしい場所をと急きょ新設が決まった。着工から約1年、突貫工事の末、開会の約1カ月前に完成した。優美な八角形の屋根は富士山をイメージした。

Nippon Budokan arena under construction in Tokyo's Kitanomaru Park on April 28, in time for judo's Olympics debut.

6. 五輪入場券求める人たち
Desperate for Olympics Tickets

8月1日、東京五輪の入場券第2回発売分を求めて東京・日本橋のプレイガイド前で横になる人たち。入場券の販売実績総数は約206万枚。

People wait for the second round of Olympics ticket sales in Tokyo's Nihombashi district on Aug. 1.

8. オリンピアで採火式
Torch from Olympia

8月21日、ギリシャ・オリンピア遺跡で行われた東京五輪の聖火採火式で、祭司長のアレカ・カッツェリさん（右）から聖火を受け取るギリシャ国王のコンスタンチノス2世。

The torch is lit in Olympia, Greece, on Aug. 21, before traveling to Japan.

7. 聖火輸送機内で点火テスト
Olympic Torch-lighting Test on Plane

8月16日、ギリシャから聖火を輸送する日本航空の特別機「シティ・オブ・トウキョウ号」内で、聖火を納める聖火灯の点火テストを見守る空輸派遣団の高島文雄団長（左）ら。

Japanese officials conduct an Olympic torch-lighting test aboard Japan Airlines special jetliner City of Tokyo from Greece to Japan on Aug. 16.

9. 米施政権下の沖縄で聖火リレー
Torch Relay in Okinawa

9月8日、沖縄で行われた東京五輪の聖火リレーで、日の丸が振られる中、引き継がれた聖火。沖縄は当時米施政権下だったが、リレーの道筋では初めて公然と日の丸が振られ、本土復帰の機運を盛り上げた。
A torch relay is held in Okinawa, still under U.S. occupation, on Sept. 8.

選手村と周辺

10. 人気の選手村食堂
    Popular Dining in Olympic Village

9月15日、東京・代々木の五輪選手村に入村し、食堂で昼食をとる入村第1号のハンガリー選手団。選手村の食事は選手たちに人気で、各国の料理150種類が用意された。

The Hungarian delegation is the first to enter the Olympic village in Tokyo's Yoyogi district on Sept. 15.

11. 菊の大輪を観賞
    Chrysanthemums and Athletes

9月29日、選手村に置かれた菊の大輪を見るイタリア選手。
Italian athletes appreciate chrysanthemums at the Olympic village on Sept. 29.

12. 女子選手村を警備
    Guarding Female Athletes

9月29日、女子選手村を警備する女性警察官ら(右側)。全選手に占める女子の割合は64年の東京大会では13.2%だったが、2020年大会では半数に迫る。
Policewomen protect female athletes at the Olympic village on Sept. 29.

13. 銀座は五輪ムード一色
    Ginza in Full Olympics Mood

9月30日、東京五輪開幕が迫り、五輪マークや歓迎の横断幕が掲げられた松坂屋銀座店（現在は建て替えて GINZA SIXに）。中央通りの街灯も飾り付けられて五輪ムード一色。
Department store chain Matsuzakaya's Ginza store is draped with decorative banners on Sept. 30.

14. 選手村食堂でタマネギの皮むき
    Feeding Foreign Athletes

9月30日、選手村の食堂裏で、大量のタマネギの皮をむく女性たち。
Women peel off onion skins behind the dining room of the Olympic village on Sept. 30.

15. 日本土産にテープレコーダー
    Tape Recorders as Souvenirs

9月、選手村の売店で、人気のテープレコーダーを見る外国人選手。
Foreign athletes check a tape recorder in a shop at the Olympic village in September.

16. 琴の手ほどき
    Koto Lesson

10月2日、選手村で開かれた日本文化を紹介する集いで琴の手ほどきを受ける外国人選手ら。
Foreign athletes receive a koto lesson as part of a Japanese culture program at the Olympic village on Oct. 2.

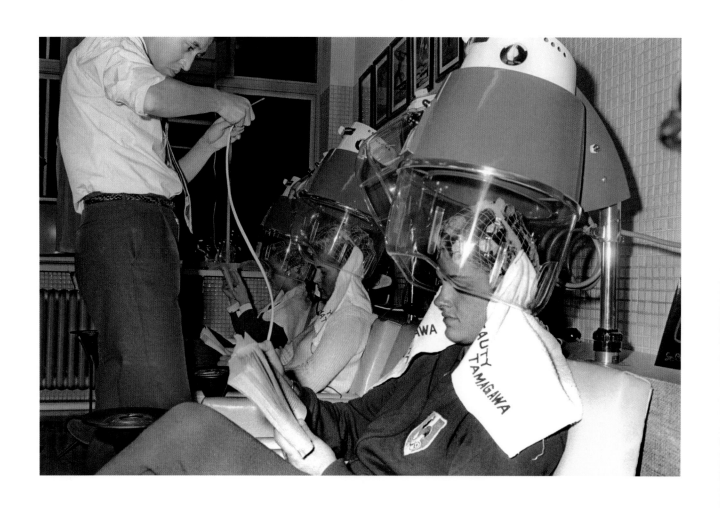

17. 選手村の美容室
Beauty Salon

10月2日、選手村の美容室で髪をセットしてもらう外国人選手。
Foreign athletes visit a beauty salon at the Olympic village on Oct. 2.

18. 五輪記念銀貨の引き換え
    Commemorative Coins

10月2日、東京五輪を記念する1000円銀貨の引き換えが金融機関の窓口で始まり、どこも長蛇の列ができた。銀貨は1500万枚製造された。100円の記念硬貨は8000万枚製造され9月21日から引き換えられた。
People queue up to get 1,000 yen silver coins commemorating the Tokyo Olympics on Oct. 2.

19. 代々木の「アテネ通り」
Athens Street in Olympic Village

10月3日、大勢の選手や関係者でにぎわう選手村の「アテネ通り」。選手村の敷地は66万平方㍍と広大で、徒歩での移動は大変だった。村内を循環するバスよりも、村内どこでも乗り捨てられる自転車が大人気だった。
Athens Street in the Olympic village is bustling with participants and officials on Oct. 3.

20. 聖火が都庁に到着
    Olympic Flame Reaches Tokyo

10月7日、五輪マークや各国の国旗で飾り付けられた丸の内の東京都庁（当時）に到着した聖火。ギリシャのオリンピアを出発してから48日目だった。

The Olympic flame arrives at the Tokyo Metropolitan Government building in the Marunouchi district on Oct. 7, 48 days after it left Olympia, Greece.

21. 横浜港にホテル船
　　Arriving by Ship

10月9日、五輪観戦のための「ホテル船」が集まり、観光客でにぎわう横浜港の埠頭。
五輪期間中6隻が入港した。
Cruise ships bringing foreign visitors to the Olympics arrive at Yokohama port on Oct. 9.

22. 開会式上空に五輪マーク
    Olympic Rings in Sky

10月10日、東京五輪開会式で航空自衛隊のアクロバット飛行チーム「ブルーインパルス」が青空に描いた五輪マーク。

Japanese Air Self-Defense Force's Blue Impulse aerobatics team draws Olympic rings in the blue sky at the opening ceremony on Oct. 10.

23. 東京駅で開会式中継テレビ
    People Glued to TV at Tokyo Station

10月10日、東京駅構内の階段脇に設置されたテレビで、開会式の中継を見る大勢の人たち。
People watch the opening ceremony on TV at Tokyo Station on Oct. 10.

24. 東西ドイツ統一選手団が入場
East and West German Athletes Together

10月10日、開会式で入場行進する西ドイツと東ドイツの統一選手団。旗手の選考では東西がもめ、選手村の宿舎でもあまり交流はなかったという。東西ドイツは1990年に西が東を編入する形で統一が実現した。

A unified delegation of East and West German athletes and officials marches at the opening ceremony on Oct. 10.

25. 日本選手団入場
    Japanese Delegation on Home Ground

10月10日、秋晴れの国立競技場で行われた開会式。赤と白の公式ウエアで最後に入場行進する日本選手団。

The Japanese delegation parades at the opening ceremony on Oct. 10.

26. 最終ランナー聖火台へ
    Torch Relay Anchor from Hiroshima

10月10日、開会式でトーチを手に聖火台へ駆け上がる最終ランナーの坂井義則さん。坂井さんは原爆が投下された1945年8月6日に広島県で生まれた。

Yoshinori Sakai, the torch relay anchor who was born in Hiroshima Prefecture on Aug. 6, 1945, runs up the steps to the cauldron on Oct. 10.

熱戦と余韻

27. 三宅選手が日本勢最初の金
    First Japanese Gold Medal Winner

10月12日、東京五輪で日本勢最初の金メダルを獲得した重量挙げフェザー級の三宅義信選手。身長155㌢で「小さな巨人」と呼ばれた。トータル397.5㌔の世界新記録をマーク、2位の米国選手に15㌔の大差をつける圧勝だった。

Yoshinobu Miyake wins the gold medal in the featherweight division in weightlifting, the first for Japan at the Tokyo Games, on Oct. 12.

28. サッカー競技中に穴
Hole during Soccer Match

10月13日、サッカー会場となった秩父宮ラグビー場で、イラン―メキシコの対戦中、グラウンドの中央に突然直径1㍍近い大きな穴があいた。選手にけがはなかったが試合は中断、砂を運び込み芝生を乗せて試合再開となった。

The pitch at Prince Chichibu Memorial Rugby Stadium suddenly develops a huge hole measuring nearly 1 meter in diameter during a soccer match between Iran and Mexico on Oct. 13.

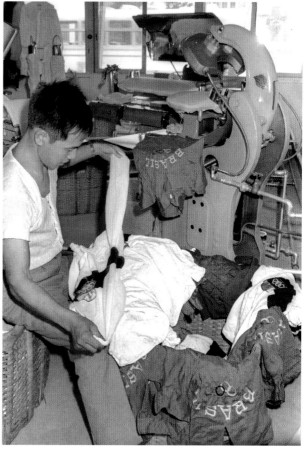

29. ユニホームをクリーニング
Cleaning Uniforms and Shirts

10月13日、選手村のクリーニング店はユニホームの洗濯で大忙し。2020年東京五輪開催にあたって国際オリンピック委員会（IOC）から課せられたルールは非常に細かく、選手村敷地内にはヘアサロン、クリーニング店、生花店、写真店などを設けなければならない。村内は禁煙で、アルコールの販売・配布も原則的に禁止。

A laundry shop at the Olympic village is busy cleaning uniforms and shirts on Oct. 13.

30. 食堂に大量の食品類
    Abundant Groceries

10月13日、選手村の食堂に運び込まれる大量の食料品類。仕入れ計画では牛肉75㌧、豚肉14㌧、羊肉12㌧、鶏肉48㌧、卵72万個、米72㌧、パン51㌧、野菜356㌧などが必要とされた。
Groceries are unloaded at the Olympic village on Oct. 13.

主な競技ピクトグラム

1964 → 2020

陸上

体操

柔道

バレーボール

重量挙げ

レスリング

ⓒ2017 International Olympic Committee

31. バス乗り場に案内ピクトグラム
    Pictograms Guide Athletes

10月13日、選手村から各競技会場に行くバス乗り場に向かう選手たち。通路には英語、フランス語による競技名と一緒に、各競技を絵文字で表す「ピクトグラム」も表示された。ピクトグラムはこの大会で初めて全面的に導入され、2020年大会でもこのときのデザインを参考に作成された。

Pictograms make their full-fledged Olympic debut to guide athletes at bus stops on Oct. 13.

32. レスリング「アニマル」が金
Animal Lives Up to Reputation

10月14日、レスリング・フリースタイルのフェザー級で優勝した渡辺長武選手。「アニマル」の異名を取り、強靭な体と正確無比な技で公式戦189連勝をマークした。東京大会で日本レスリング陣は金メダル5個を獲得。2004年アテネ大会から女子が採用され、16年のリオデジャネイロ大会で日本女子は金4個、銀1個の計5個のメダルを獲得した。

Osamu Watanabe, nicknamed Animal, wins the gold medal in the featherweight division in freestyle wrestling on Oct. 14.

33. 160㌔のバーベルにチャレンジ
Learning Barbell Weight

10月14日、重量挙げ会場の渋谷公会堂で、競技の合間の休憩時間中に、2人がかりで160㌔のバーベルにチャレンジする大会関係者。

Two female officials attempt to lift weightlifting barbells weighing 160 kilograms during a break at Shibuya Public Hall on Oct. 14.

34. 水たまりに映る聖火
　　Cauldron in Puddle

10月14日、陸上競技が始まった国立競技場。雨でグラウンドには水たまりができ、聖火が映っていた。
The cauldron is reflected in a puddle after rain at National Stadium on Oct. 14.

35. ヘイズ選手が追い風参考の9秒9
Versatile Hayes Dominates

10月15日、陸上男子100㍍準決勝でスタートする米国のヘイズ選手(中央)。9秒9をマークしたが、追い風のため世界記録として公認されず、参考記録にとどまった。決勝では10秒0の世界タイ記録で優勝した。五輪後にプロフットボール界に進むとスーパーボウル制覇に貢献し、NFL殿堂入りを果たした。

American Bob Hayes (C) clocks a wind-assisted 9.9 in the semifinals of the 100-meter dash on Oct. 15 before winning gold. He later became an American football wide receiver and was inducted into the Pro Football Hall of Fame.

36. 外国人応援団が歓声
Rooting for Compatriots

10月16日、国立競技場での陸上競技に歓声を上げる外国人応援団。
Foreign spectators root for their compatriots at National Stadium on Oct. 16.

37. 飲料売り場に列
Relieving Thirst

10月16日、国立競技場で飲み物売り場に並ぶ人たち。
People line up to buy beverages at National Stadium on Oct. 16.

38. 三段跳びのスタート目印
    Aiming for Medal

10月16日、陸上男子三段跳びの助走路に並ぶ、選手のスタート目印。
A triple-jumper prepares to compete at National Stadium on Oct. 16.

39. 迷子、遺失物取扱所
A Lost Child inside Stadium

10月16日、国立競技場内に設置された警視庁四谷署の「迷子、遺失物取扱所」。不安そうな表情の子どもも。

A lost child sits at a lost & found office set up by Yotsuya Police Station inside National Stadium on Oct. 16.

40. 選手の似顔絵
    Tokyo Portraits

10月17日、選手村の社交場で、5人の漫画家による似顔絵を描いてもらうイベント。モデルの選手は緊張気味。
Cartoonists draw portraits at the Olympic village on Oct. 17.

42. スタンドいっぱいに雨傘
Umbrellas Envelop Stadium

10月18日、早朝から激しい雨となり、傘で埋まった国立競技場のスタンド。

Spectators put up umbrellas at National Stadium on Oct. 18.

41. ハンセン選手が棒高跳びの激闘制す
Hansen Prevails in Lengthy Duel

10月17日、国立競技場で延々9時間も続いた陸上棒高跳びの激闘。ハンセン選手（米国）が5㍍10を跳び、午後10時過ぎに優勝が決まった。

American Fred Hansen clears 5.10 meters in the men's pole vault on Oct. 17 on his way to a hard-won gold medal.

フィルムからデジタルへ

　棒高跳びで米国のハンセン選手が5㍍10を跳ぶ写真はシャッタースピードが15分の1秒で撮影された。午後10時の国立競技場。当時のカラーフィルムは撮影感度（ISO感度）が100しかなく、スタンドの照明だけでは動きのある競技の撮影はできなかった。棒高跳びでは、選手がバーをクリアする時、一瞬静止するように見える。その瞬間を狙って撮影することができた。

　フィルムやカメラは五輪が開催されるたびに進化、新製品は新聞・通信各社が取材に導入した。1964年の東京五輪から20年後の84年にはISO感度1600のカラーネガフィルムが発売された。90年代にはデジタルカメラが相次いで発売され、98年の長野冬季五輪では、撮影から締め切りまでの時間が短い夕刊段階でデジタルカメラが主流として使われた。

　カメラの性能も向上し、現在ではメーカーが画質を保証する感度が10万を超える機種もある。ISO感度8000程度に上げて撮影しても、新聞紙面掲載の画質に問題はない。オートフォーカスの精度も向上、シャッタースピード2000分の1秒という夜間撮影も可能になった。

43. 遠藤選手が体操で3個の金
Endo's Triple Golds

10月18日、東京体育館で行われた体操男子規定でつり輪の演技をする遠藤幸雄選手。東京大会では団体総合、個人総合、種目別平行棒で金メダルに輝いた。遠藤選手は1960年ローマ大会、東京大会、68年メキシコ大会に出場し金5、銀2の計7個のメダルを獲得した。メキシコでは日本選手団の旗手を務めた。

Yukio Endo competes on the rings at Tokyo Metropolitan Gymnasium on Oct. 18. He won golds in the team competition, individual all-around and parallel bars.

44. フランス選手が銀座でパチンコ
Trying Luck in Ginza

10月19日、夜の東京・銀座でパチンコをするフランスの選手。外国から訪れた選手たちには観光バスによる都内見物が人気だったが、銀座、新宿、渋谷などの盛り場に繰り出し、思い思いに楽しむ選手たちも。

A French athlete plays pachinko pinball in Tokyo's Ginza district on Oct. 19.

45. 着物姿のカナダ選手
Canadians Try On Kimono

10月19日、着物姿で選手村を歩くカナダの水泳選手たち。女子選手村内には、日本訪問の記念になるようにと、着物の着付けと記念撮影の店が設けられ、競技を終えた選手たちが連日訪れた。

Canadian swimmers don kimono at the Olympic village on Oct. 19.

46. 女子砲丸投げは接戦
    Measuring Distances

10月20日、女子砲丸投げ決勝で、ずらりと並ぶ各国選手の砲丸着地点の表示板。大接戦だったが、手前の表示（208）のソ連（現ロシア）のタマラ・プレス選手が五輪新をマークし、ローマ大会に続く2連覇。

Officials measure distances in the women's shot put on Oct. 20. Soviet athlete Tamara Press (marker number 208) won her second gold, after the Rome Olympics in 1960, with a new Olympic record.

47. 柔道中量級は岡野選手が金
Okano Saves Japan's Face

10月21日、柔道の中量級決勝で、岡野功選手が横四方固めでホフマン選手（ドイツ）を破り優勝。

Judoka Isao Okano wins the middleweight gold medal by beating German rival Wolfgang Hoffmann in the final on Oct. 21.

48. ゴール直後、余裕のクールダウン体操
Abebe still Strong after Race

10月21日、当時世界最高の2時間12分11秒2でマラソン2連覇を達成したエチオピアのアベベ選手。国立競技場にゴール後すぐにクールダウンの体操。1960年ローマ大会ではシューズを履かずに走って優勝し、「はだしの英雄」と言われた。

Ethiopian marathon runner Abebe Bikila stretches after winning the gold medal in a world record of 2 hours, 12 minutes and 11.2 seconds on Oct. 21. He won gold while running barefoot at the Rome Olympics in 1960.

49. 陸上日本勢で戦後初の表彰台
    Trying to Shake Off Rival

10月21日、マラソンでゴールに向かう円谷幸吉選手。2番目に国立競技場に戻ってきた円谷選手は、ラスト200㍍で英国のヒートリー選手（後方）に抜かれたが銅メダルを獲得、陸上の日本勢で戦後初めて表彰台に立った。

Kokichi Tsuburaya settles for a marathon bronze after entering National Stadium and being overtaken by Britain's Basil Heatley on Oct. 21.

50. 給水地点のドリンク
    Drinks for Marathoners

10月21日、マラソンコースの35㌔地点の給水所に置かれた各選手のスペシャルドリンク。円谷(幸吉)、
君原(健二)、寺沢(徹)の日本人選手の名前が書かれたボトルも。
Specially prepared drinks await Japan's Kokichi Tsuburaya and other marathoners on Oct. 21.

51. マラソン観戦の小学生
    Schoolchildren at Front Row

10月21日、東京都調布市内で、マラソンの観戦に訪れた地元の小学生。小旗を振って選手を待つ。
Elementary schoolchildren wave flags in Tokyo's Chofu City as they watch the marathon on Oct. 21.

52. トラックの荷台から応援
    Securing Good View from a Truck

10月21日、東京都調布市内で、トラックの荷台を桟敷席にして、テレビ中継を見ながらマラソン選手の通過を待つ人たち。
Spectators watch the marathon from the back of a truck in Tokyo's Chofu City on Oct. 21.

53. マラソン観戦の上皇ご一家
   Imperial Family in Royal Box

10月21日、マラソンで選手たちが国立競技場にゴールし、ロイヤルボックスで拍手される当時の皇太子ご一家（前列左から上皇さま、天皇陛下、上皇后さま）。

(From left) Crown Prince Akihito, Prince Naruhito and Crown Princess Michiko applaud as they watch marathon runners cross the finish line at National Stadium on Oct. 21.

54. 体操男子団体で日本が金
Japan Wins Gold in Team Competition

10月22日、体操男子団体総合で優勝し金メダルを首にかける日本の小野喬主将と(右へ)早田卓次、鶴見修治、三栗崇、遠藤幸雄、山下治広の各選手。日本は1960年ローマ大会から76年のモントリオール大会まで男子団体総合で5連覇。64年東京大会では日本選手が当時の最高難度「C」を超える技を生み出し、「ウルトラC」が流行語になった。

(From left) Japanese gymnasts – Captain Takashi Ono, Takuji Hayata, Shuji Tsurumi, Takashi Mitsukuri, Yukio Endo and Haruhiro Yamashita – win the gold medal in the men's team competition on Oct. 22.

55. 体操女子団体日本は銅
Japanese Women Get Bronze

10月22日、体操女子団体総合で3位になり銅メダルを授与される池田敬子選手と日本チーム（手前側）。

Keiko Ikeda and other Japanese gymnasts receive bronze medals in the women's team competition on Oct. 22.

56. 金3個のチャスラフスカ選手
Caslavska Wins 3 Golds

体操女子で金メダル3個を獲得したチャスラフスカ選手（チェコスロバキア＝現チェコ）の徒手（現床運動）。1968年の「プラハの春」で民主化アピール「2000語宣言」に署名し、同年のメキシコ五輪では個人総合連覇のほか種目別で3種目を制して国民に希望を与えた。通算では計7個の金メダルを獲得した。

Czech gymnast Vera Caslavska wins the gold medal in the balance beam, the vault and the all-around individual event in October.

57. ボクシングで日本選手初の金
Sakurai Wins 1st Boxing Gold

10月23日、ボクシングのバンタム級決勝で桜井孝雄選手（右）の右ストレートが韓国の鄭申朝選手にヒット。桜井選手はボクシングで日本選手初の金メダルを獲得した。1965年にプロデビューし、68年に世界王者に挑んだが判定負け。69年には東洋王座をつかんだ。

Takao Sakurai (R) beats South Korea's Chung Shin-Cho to win the gold medal in the bantamweight class on Oct. 23, becoming the first Japanese boxer to win an Olympic gold.

58. 選手村でブルガリア選手が挙式
Wedding in Olympic Village

10月23日、選手村で挙式し、三三九度の杯を交わすブルガリアのカップル。神前で執り行われ、祭壇の後ろには五輪マークも。新郎は24歳の体操選手、新婦は21歳の陸上選手。

Bulgarian athletes are married in a Shinto ceremony at the Olympic village on Oct. 23.

59. 日本柔道、敗れる
Beating Japanese Judo

10月23日、日本武道館で行われた柔道無差別級で、神永昭夫選手（手前）と対戦するオランダのヘーシンク選手。日本は軽量、中量、重量、無差別の4階級のうち3階級を制していたが、無差別級でヘーシンク選手が神永選手を破り金メダルに輝いた。日本発祥の柔道は東京大会で初めて採用され、「日本柔道、敗れる」との衝撃が走った。

Dutch judoka Antonius Geesink downs Akio Kaminaga of Japan to win the gold medal in the open category at the Nippon Budokan arena on Oct. 23.

61. 選手村で別れを惜しむ
Good-bye from Olympic Village

10月24日、閉会式の当日、選手村で別れを惜しむ選手たち。

Japanese and foreign athletes bid farewell at the Olympic village on the last day of the Tokyo Olympics on Oct. 24.

60. 東洋の魔女が金獲得
Witches of the Orient Capture Gold

10月23日、駒沢屋内球技場で行われたバレーボール女子最終戦で、ソ連（現ロシア）のスパイクを宮本恵美子選手が巧みに回転レシーブ。「東洋の魔女」と言われた日本チームが優勝した。第3セットでは日本のマッチポイントが何回も続き、テレビで観戦した国民も大興奮。ソ連戦のテレビ視聴率は66.8％（ビデオリサーチ調べ、関東地区）を記録した。

Japanese women volleyball players, popularly known as the "Witches of the Orient," win the gold medal by beating the Soviet Union in the final at the Komazawa Indoor Ball Sports Field on Oct. 23.

62. 肩車される日本の旗手
Carrying Flag Bearer

10月24日、閉会式で、外国選手らに肩車される日本選手団の旗手、福井誠選手。ハプニングだったが、各国選手が入り乱れて行進し五輪史に残る感動のシーンとなった。日本のメダルは金16個、銀5個、銅8個、計29個であった。

Foreign athletes lift Japanese flag bearer Makoto Fukui on their shoulders at the closing ceremony at National Stadium on Oct. 24.

63. メキシコで再会を
    Parting Ways

10月24日、国立競技場で行われた東京五輪の閉会式。正面スタンド前で別れを惜しむ各国選手団。電光掲示板には「メキシコ市でまた会いましょう 1968」の文字が。

Athletes assemble in front of the main stand to say good-bye on Oct. 24, with the message "We Meet Again in Mexico City" on the scoreboard.

64. 東京パラリンピックの開会式
Opening Ceremony for Paralympics

11月8日、東京・代々木の織田フィールドで行われた東京パラリンピックの開会式で入場する日本選手団。約20カ国が参加。当時の正式名は「国際身体障害者スポーツ大会」で、日本のメダルは金1個を含め計10個だった。愛称のパラリンピックは後に正式名称となり、東京大会は第2回と定められた。

Japanese athletes parade at the opening ceremony of the Tokyo Paralympics at Oda Field on Nov. 8.

65. パラ開会式で上皇さまがあいさつ
Speaking at Opening Ceremony

11月8日、東京パラリンピックの開会式で名誉総裁としてあいさつされる上皇さま(当時皇太子)と上皇后さま。ご夫妻はその後も障害者スポーツの発展を見守ってきた。上皇さまは在位中最後となった誕生日を前にした記者会見で「障害者をはじめ困難を抱えている人に心を寄せていくことも、私どもの大切な務めと思い、過ごしてきました」と、社会的弱者や苦難に立ち向かう人々への思いを語った。

Crown Prince Akihito speaks at the opening ceremony of the Tokyo Paralympics, with Crown Princess Michiko at his side on Nov. 8.

66. サヨナラ東京オリンピックセール
Sayonara Olympic Sales

12月8日、選手村で使われた家具や備品などの即売会「サヨナラ東京オリンピックセール」が東京・池袋のデパートで開かれた。開店前から大行列ができ、出品された約1万点は1時間ほどで売り切れた。

Furniture and other equipment used at the Olympic village go on sale at a department store in Tokyo's Ikebukuro district on Dec. 8.

67. 国立代々木競技場でスケート
Skating on Onetime Swimming Pool

12月、国立代々木競技場でスケートを楽しむ人たち。世界でも珍しいつり橋と同様の構造の技術が用いられていて、10月の東京五輪では水泳競技が行われた。五輪後、冬季にはアイススケート場として、夏季はプール、春季と秋季はプール部分を覆い体育館として利用された。

People enjoy skating in December at Yoyogi 1st Gymnasium, the venue of swimming events during the Summer Olympics.

今昔風景ピックアップ — 半世紀を隔てて
Scenes: Past and Present

今昔風景ピックアップ — 半世紀を隔てて
Scenes: Past and Present

68. 1964年大会の代々木選手村
Olympic Village in 1964

8月16日、東京五輪開幕を約2カ月後に控えた東京・代々木の選手村。在日米軍の家族宿舎「ワシントンハイツ」の戸建住宅を改修、転用した。14棟の鉄筋アパートや住宅などに約6000人を収容した。ワシントンハイツは旧陸軍代々木練兵場の跡地に建てられた。

The Olympic village in the Yoyogi district on Aug. 16, about two months before the start of the Tokyo Olympics.

69. 2020年大会選手村は晴海に
Olympic Village for 2020

2019年7月23日、東京・晴海に建設が進む東京五輪・パラリンピック選手村。選手村の宿泊棟は14〜18階建てで全21棟。大会時は選手約1万2千人、役員ら約6千人の計1万8千人が泊まる予定。選手村には商業棟や、メインダイニングなどの食堂、各種店舗が入るビレッジプラザも準備され、20年6月末までに全体が完成する。選手村は大会後に複数のデベロッパーにより改修されマンション群になる。

The Olympic village for the Tokyo 2020 Olympics and Paralympics is under construction in the Harumi district on July 23, 2019.

70. 開業を控えた東京モノレール
    Tokyo Monorail is Ready

1964年8月29日、開業を控えた東京モノレール。五輪開幕に合わせて9月17日に営業運転が始まり、浜松町と羽田空港間、約13㌔を15分で結んだ。下を走るのは首都高速道路1号線。中央奥は東京タワー。
The Tokyo Monorail is pictured on Aug. 29 prior to the start of its operations on Sept. 17, 1964.

71. 開業から55年の東京モノレール
    55 years after Inauguration

2019年4月20日、開業から55年を迎えた東京モノレール。沿線には高層ビルが立ち並ぶ。
The Tokyo Monorail marks its 55th anniversary in this photo taken April 20, 2019.

72. 1964年の江の島ヨットハーバー
Enoshima Yacht Harbor in 1964

9月6日、神奈川県藤沢市に完成した東京五輪ヨット会場になる江の島ヨットハーバー。

Enoshima Yacht Harbor in Fujisawa, Kanagawa Prefecture, on Sept. 6, 1964, awaits the start of the Tokyo Olympics.

73. 2020年大会も江の島に
Enoshima to Host 2020 Again

2019年1月29日、20年東京五輪のセーリング会場となる江の島ヨットハーバー。セーリングは当初、東京都江東区にヨットハーバーを新設して実施予定だったが、羽田空港に近く空撮用のヘリコプターが飛行を制限される空域に入ることが問題となり、1964年東京大会と同じ江の島に変更された。

Enoshima Yacht Harbor, in this photo taken Jan. 29, 2019, is set to host sailing competitions during the Tokyo 2020 Games.

74. 東海道新幹線が開業
Tokaido Shinkansen Inaugurated

1964年10月1日、五輪開幕を目前に控え、東京駅で行われた東海道新幹線の出発式。当時は世界で最も速い時速200㌔の「夢の超特急」で、東京—大阪間はそれまでより2時間半ほど短縮され約4時間に。着工以来5年半で開幕に間に合った。翌年11月には3時間10分ほどに短縮された。

An inauguration ceremony for the Tokaido Shinkansen Line is held at Tokyo Station on Oct. 1 in time for the Tokyo Olympics.

75. 連休スタートで混雑する新幹線ホーム
Vacationers Await Shinkansen Trains

2019年4月27日、天皇の代替わりに伴う10連休がスタート、混雑するJR東京駅の新幹線ホーム。自由席の行列の最後尾を知らせるボードを持つスタッフも配置された。この日、日本列島各地の交通機関は帰省や旅行で移動する人たちの混雑が続いた。

Platforms are congested with holidaymakers preparing to board a Shinkansen train at the start of a 10-day spring holiday on April 27, 2019.

76. 1964年暮れの新宿駅東口
    Shinjuku Station in 1964

1964年12月21日、歩行者や車で混み合う東京・新宿駅東口周辺。
Pedestrians and motor vehicles fill the roads around Shinjuku Station's East Exit on Dec. 21, 1964.

77. 新宿駅東口のシンボル、大型モニター
    Big Screens Dominate Shinjuku Landscape

2019年4月20日、大勢の歩行者で混雑する東京・新宿駅東口。大型モニターはシンボル的な存在となっている。
Big screens are now a symbol of Shinjuku Station's East Exit, as pictured on April 20, 2019.

78. 1964年の銀座
    Ginza in 1964

1964年12月、東京・銀座7丁目の交差点で信号待ちする人たち。

Pedestrians wait for a traffic light to change in the Ginza district in December, 1964.

79. 外国人観光客であふれる銀座
　　Ginza Attracts Foreign Tourists

2019年4月21日の日曜日、東京・銀座7丁目の交差点。銀座にはブランド店が新規出店、デパート跡地の再開発などで、大勢の外国人観光客が訪れる。

Foreigners flock to the Ginza district on April 21, 2019.

80. 高架が迫る日本橋
    Overpass to Envelop Nihombashi Bridge

1963年2月、東京五輪に備えた交通網整備のため、上空部に首都高速道路の建設が進む東京都中央区の「日本橋」。右側には首都高速の高架部分が迫る。

An expressway is under construction over the historical Nihombashi Bridge in February, 1963.

81. 日本橋に五輪マーク
Olympics on Nihombashi Bridge

2019年8月9日、東京都中央区にある国の重要文化財の「日本橋」は首都高速道路が上空を覆う。橋のたもとには五輪開催1年前に、五輪マークが設置され、記念撮影スポットに。高速道路の老朽化に伴い、以前の景観を取り戻すために地下化する計画案がまとまった。

An Olympic logo is seen installed on Nihombashi Bridge in Chuo Ward on Aug. 9, 2019.

1964年と前後の主なできごと

1960年	6月	新安保条約に反対し学生らが国会構内に乱入、東大生樺美智子さん死亡
	7月	第1次池田勇人内閣成立
	10月	浅沼稲次郎社会党委員長を右翼少年が刺殺
	12月	国民所得倍増計画を閣議決定
1961年	2月	右翼少年が中央公論社社長宅を襲い家政婦殺害
	5月	韓国で朴正熙少将率いる軍事クーデター
	12月	三無事件(政府転覆計画)発覚し元軍人ら13人逮捕
1962年	5月	国鉄三河島事故、160人死亡
	9月	サリドマイド薬害で大日本製薬が原因とされる薬剤を販売停止
	10月	米がソ連ミサイル基地を建設中のキューバを海上封鎖(キューバ危機)
1963年	6月	ソ連、初の女性飛行士乗せた宇宙船打ち上げ
	11月	三井三池三川鉱で炭じん爆発、458人死亡 ケネディ米大統領、テキサス州ダラスで暗殺
1964年	2月	ビートルズ、全米チャート1位 富士航空、大分空港で墜落　死者20人
	3月	ライシャワー米駐日大使が少年に刺され負傷
	4月	日本が国際通貨基金(IMF)8条国(為替制限の撤廃)へ移行 米軍機、町田市商店街に墜落　死者4人 ミロのビーナス像特別公開展 日本が経済協力開発機構(OECD)に正式加盟
	6月	新潟地震(M7.5)死者26人 ダム建設反対の蜂の巣城(熊本県小国町)、強制撤去
	8月	北ベトナム魚雷艇が米駆逐艦を攻撃したとされたトンキン湾事件 東京の水不足、17区で第4次給水制限
	9月	東京モノレール開業 王選手本塁打55本、日本新記録
	10月	東海道新幹線開業 東京五輪開催 ソ連共産党がフルシチョフ第1書記解任 中国、初の原爆実験
	11月	東京パラリンピック開催 佐藤栄作内閣成立 米原子力潜水艦が初めて佐世保に入港 シンザン三冠馬となる
1965年	2月	米が北ベトナムへの空爆開始
	5月	政府が山一証券への日銀特別融資を発表
	10月	朝永振一郎氏にノーベル物理学賞
	11月	戦後初の赤字国債発行を決定

1964という時代
Years Leading to 1964

　日本が五輪開催に向けて盛り上がりを見せていた1960年代前半、世界は東西冷戦の枠組みの中で「キューバ危機」に象徴される核戦争の不安と緊張緩和への希望の間で揺れ動いた。その一方で、欧米を中心とした第2次大戦後の経済成長と社会の変化が進み、アジア、アフリカ諸国でも植民地からの独立や政治的対立と混乱が続いて、新たな世界秩序が模索されていた。

　「もはや戦後ではない」という言葉にも示される高度経済成長と安保闘争の嵐を経験した日本のかじ取りを引き継いだのは池田勇人首相。「所得倍増」という印象的なキャッチフレーズを掲げて政治から経済へと路線転換を図った池田首相にとって、東京五輪は格好の舞台設定だった。しかしその池田首相は病を得て五輪閉会式への出席はかなわず、翌1965年、死去した。

　電化製品をはじめとした消費財の普及、建設ラッシュと首都圏の変貌、交通インフラの急速な整備、先進国への仲間入り、娯楽の多様化、身近な存在に感じられるようになった皇室の人気、といった現象は人々の高揚感をかきたてるのに十分だった。

　しかし、この年に起きた新潟地震はあらためて自然災害の脅威を思い知らせた。さらに、異常渇水による大都市の水不足、交通事故の急増、公害の表面化などは、急速に進む産業優先の都市化がもたらす深刻な弊害を見せ始めていた。

　As Japan was gearing up for the Tokyo Olympics in the early 1960s, the world was gripped with anxiety over potential nuclear war, as symbolized by the Cuban missile crisis, and a desire for eased tensions. Meanwhile, the United States and Europe led the world in fostering rapid economic growth and social transformations after World War II. Asian and African countries were gaining independence from colonial rule and experiencing political rivalry in the absence of a new world order.

　Prime Minister Hayato Ikeda came to power in 1960, inheriting a Japan which was enjoying rapid postwar economic growth but also seeing violent demonstrations against the Japan-U.S. Security Treaty. He waged an income-doubling campaign by shifting Japan's emphasis from politics to the economy, and the Tokyo Olympics provided him with a golden opportunity to implement his economic program. But he fell ill and failed to attend the Oct. 24 closing ceremony. He died in 1965 at age 65.

　This period also witnessed the spread of electronics products and other consumer products, a construction boom that transformed Tokyo, improved transportation infrastructure, Japan's emergence as an economic power, diversified entertainments and the growing popularity of the Imperial family.

　But a big earthquake which rocked Niigata Prefecture and surrounding regions in June 1964 reminded the Japanese of threats from natural disasters. Water shortages in big cities, a surge in traffic accidents and cases of environmental pollution revealed the serious hazards of rapid urbanization in the name of industrialization.

国内外の動き

82. 銀座のデパート火事
    Fire in Ginza Department Store

2月13日、東京・銀座の松屋銀座店から出火、5階の売り場などが全焼した。休業日で、店員らが軽いけがをしたが客の被害はなかった。大勢のやじ馬が取り囲み、付近の通行は約7時間にわたってストップした。
A fire breaks out in Matsuya Department Store in Ginza on Feb. 13, 1964.

2月25日、前日からの雪が積もった皇居前広場で雪合戦をする若者たち。都心での積雪に高速道路などが
一時通行止めになり、国鉄（現JR）のダイヤも乱れて通勤・通学が混乱した。

83. 皇居前広場で雪合戦
     Snowball Fight in Imperial Palace Plaza

2月25日、前日からの雪が積もった皇居前広場で雪合戦をする若者たち。都心での積雪に高速道路などが
一時通行止めになり、国鉄（現JR）のダイヤも乱れて通勤・通学が混乱した。
Young people enjoy a snowball fight in the Imperial Palace Plaza on Feb. 25, 1964.

84. 大分で航空機墜落
Airplane Crash in Oita Prefecture

2月27日、鹿児島空港から大分に向かっていた富士航空機が大分空港(旧空港)への着陸に失敗し炎上、乗客乗員20人が犠牲になった。

A Fuji Air Lines jetliner overruns the runway on landing and crashes at Oita airport on Feb. 27, 1964, killing 20 people.

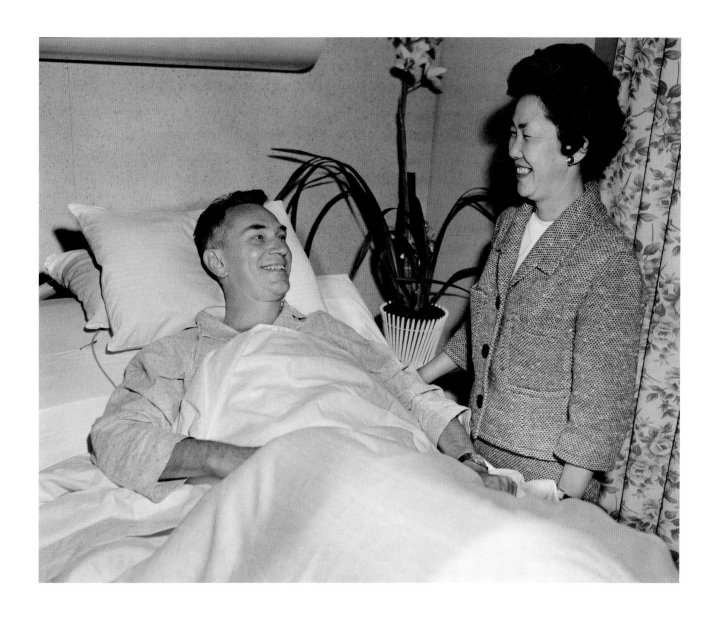

85. ライシャワー駐日大使刺傷
Ambassador Reischauer Attacked

3月25日、東京都港区の虎の門病院で、付き添いのハル夫人と笑顔で話す米国のライシャワー駐日大使。大使は前日午後、大使館裏玄関で19歳の日本人少年にナイフでももを刺され負傷した。その後、大使は輸血がもとで血清肝炎を起こし後遺症に苦しんだ。早川崇国家公安委員長は事件を受け引責辞任した。

U.S. Ambassador to Japan Edwin Reischauer is seen with his wife Haru at Toranomon Hospital on March 25, 1964, a day after he was stabbed by a 19-year-old youth.

86. 埋め立て地で小判探し
    Searching for Gold Coins

4月3日、東京都江東区深川有明町(現江東区有明)の埋め立て地で小判探しをする人たち。3月中旬に中学生が慶長小判を見つけたのをきっかけに、騒ぎが大きくなり「立入禁止」の立て札も立てられた。計37枚が見つかった。

People scavenge for oval gold coins on reclaimed land in Koto Ward's Fukagawa Ariake town on April 3, 1964, after a junior high school student found a feudal Edo-era coin in March.

87. 東京・町田に米軍機墜落
U.S. Military Plane Crashes in Machida

4月5日、米海軍のF8Uジェット戦闘機が墜落した東京都町田市の商店街。肉店など27戸が全半壊し4人が死亡、32人が重軽傷を負った。沖縄の嘉手納基地から神奈川県・厚木基地に向かう途中だった。操縦士は墜落直前に脱出した。9月には神奈川県大和市に米軍機が墜落し5人が死亡するなど、1964年は米軍機の事故が相次ぎ、全国で17件の墜落事故が起きた。

A U.S. military aircraft crashes into a Machida City shopping arcade on April 5, 1964, killing four people and injuring 32 others on the ground.

88. 記者会見するキング牧師
King Holds a News Conference

6月7日、米ニューヨークの外国特派員協会で記者会見する米公民権運動の黒人指導者、キング牧師。1963年8月、人種差別撤廃を訴えたワシントン大行進で「私には夢がある」と米国史に残る名演説を行った。64年の東京五輪の期間中にノーベル平和賞受賞が決まった。39歳だった68年4月にテネシー州メンフィスで暗殺された。(UPI)

U.S. civil rights leader Martin Luther King speaks in New York on June 7, 1964, before being named the recipient of the Nobel Peace Prize during the Tokyo Olympics. (UPI)

89. 新潟地震で石油タンク炎上
Oil Tanks on Fire

6月16日、新潟県の粟島付近の海底を震源とするM7.5の新潟地震が発生した。新潟市内では信濃川に架かる昭和大橋が落下（手前）、石油タンクが約2週間燃え続けた。死者26人、全壊家屋が約2000戸。工業地帯を抱える都市部で地震の恐ろしさや近代建築の耐震性に教訓を残した。

A magnitude 7.5 earthquake strikes Niigata Prefecture and the surrounding region on June 16, 1964, leaving 26 people dead and destroying about 2,000 houses.

90. 液状化によるアパート倒壊
Quake Triggers Liquefaction Phenomena

6月17日、前日に発生した新潟地震による液状化現象で県営アパートが倒壊、窓から家財道具などを運び出す被災者たち。液状化は地震の揺れにより、地盤の砂粒がかみ合っていた状態が外れて液体のように流動化する現象。新潟地震では、世界で初めて都市部で液状化被害が確認された。

The June 16 earthquake causes liquefaction phenomena, destroying prefectural apartment housing on June 17, 1964.

91. 「蜂の巣城」ついに取り壊し
Removing Dam Opponents

6月23日、筑後川上流の下筌(しもうけ)ダム建設に反対する住民の拠点で「蜂の巣城」(熊本県小国町)と呼ばれたとりでが国有地への強制収用代執行により取り壊された。ダムは1953年の西日本水害を契機に計画され、建設省(当時)が水没する地区住民に計画を告げずに予備調査に入った。住民は山林地主を中心に大規模なとりでを築いて数年間立てこもり、反対闘争を展開した。ダムは72年に完成した。

A fortress erected by opponents of a dam project over the Chikugo River in Kumamoto Prefecture is dismantled under land expropriation orders on June 23, 1964.

92. フルシチョフ首相と握手
Shaking Hands with Premier Khrushchev

7月14日、モスクワのクレムリンで握手するソ連（現ロシア）のフルシチョフ首相（左）と社会党の成田知巳書記長。1956年、フルシチョフ氏は共産党大会の最終日に秘密報告をし、それまで神格化されてきた独裁者スターリンを名指しして、反対派に対する大粛清や個人崇拝を厳しく批判した。国内はもとより東欧など世界中に衝撃を与えた。64年10月14日、東京五輪期間中に党中央委員会総会が「高齢と健康の悪化」による辞任を承認した。スターリン批判以来、改革を進めたが党幹部層の反発を受け、事実上の解任だった。（タス）

Japan Socialist Party leader Tomomi Narita (R) meets Soviet Premier Nikita Khrushchev at the Kremlin in Moscow on July 14, 1964. (Tass)

93. 貯水率0.6%の小河内ダム
0.6% Water Storage Rate at Ogouchi Dam

7月23日、渇水で貯水率が満水時の0.6%となった東京都の小河内（おごうち）ダム。小河内ダムは東京の水資源確保を主目的とし、約19年の歳月を要して1957年に完成した。誕生した奥多摩湖は国内最大級の水道専用の貯水池。

Drought reduces the water storage rate at Ogouchi Dam to 0.6% of capacity on July 23, 1964.

94.「東京砂漠」に給水車が出動
Water Trucks Deal with Water Rationing

8月6日、給水制限が続く東京都品川区内で給水車から水をもらう住民たち。この年、空梅雨が続いて異常渇水となり「東京砂漠」といわれた。小河内ダムなど都の水がめの貯水量に赤信号がともり、8月7日からは自衛隊の給水車320台が派遣された。この渇水も20日からの大雨でようやく解消された。

Residents in Shinagawa Ward get water from tank trucks due to rationing on Aug. 6, 1964.

95. 靖国神社で全国戦没者追悼式
Commemorating the War Dead

8月15日、全国戦没者追悼式が開かれる東京・九段北の靖国神社を訪れた遺族代表ら。神社の参道に張られた大きなテント内が式場で、約2000人が参列した。前年の終戦記念日には日比谷公会堂で開催されたが、自民党や遺族の要望が強いとの理由で靖国神社での開催が決まった。靖国神社での開催はこの1回だけ。1965年以降は東京五輪の柔道会場となった日本武道館で開催されるようになった。

About 2,000 kin of the war dead visit Yasukuni Shrine on Aug. 15, 1964.

96. 台風で海のような道路
Typhoon Floods Roads

9月25日、大阪市此花区で、台風20号による大雨で冠水、海のようになった道路を歩く人たちとトラックに乗って出勤する人たち。この台風は鹿児島県に上陸後、日本列島を縦断して大きな被害を出した。東京五輪を直前に控え、台風の接近による大会開催への影響が懸念された。

A typhoon triggers heavy rains, flooding roads in Osaka's Konohana Ward on Sept. 25.

97. 常陸宮さまと華子さまが結婚
Prince Hitachi Marries

9月30日、常陸宮さまと華子さまが結婚、皇居・仮宮殿で昭和天皇、香淳皇后と記念撮影される。結婚に伴い常陸宮家が戦後初の宮家として創設された。結婚に伴う一連の儀式は五輪開会式までに行われた。

Prince Hitachi and Princess Hanako tie the knot, with the prince's parents, Emperor Hirohito and Empress Nagako, in attendance at the Imperial Palace on Sept. 30, 1964.

98. 中国が初の原爆実験
China Conducts 1st A-Bomb Test

10月16日、中国は東京五輪7日目に新疆ウイグル自治区の砂漠で初の原爆実験に成功。米国、ソ連（当時）、英国、フランスに次ぐ5番目の核保有国になった。1955年ごろ、当時の毛沢東主席が、朝鮮戦争などにおける米国からの核攻撃の脅威に対して核開発を決定した。東京五輪開催で沸いていた日本国民は「中国の核」に衝撃を受けた。（新華社）

China carries out its first nuclear bomb test on Oct. 16, 1964. (Xinhua)

99. 米空軍基地をベトコンが攻撃
Viet Cong Attack on U.S. Base

11月1日、ベトナム南部サイゴン(現ホーチミン)近郊、ビエンホアの米空軍基地で、南ベトナム解放民族戦線(ベトコン)の攻撃を受けて残骸となった爆撃機を見つめる米兵。8月には哨戒活動をしていた米駆逐艦が北ベトナムの魚雷艇から攻撃を受けたとされるトンキン湾事件(後に米側の謀略と暴露された)が発生、米軍機が北ベトナムの海軍基地などを報復爆撃していた。米国は1965年から本格的にベトナム戦争に介入。南ベトナムを支持して、旧ソ連などの援助を受けた北ベトナムと戦い、冷戦下で米ソの代理戦争の様相を呈した。しかし、米軍はその後撤退に追い込まれ、南側は75年に降伏した。(AP)

U.S. soldiers inspect the aftermath of a Viet Cong attack on a U.S. Air Force base at Bien Hoa near Saigon in southern Vietnam on Nov. 1, 1964. (AP)

100. 佐世保に米原子力潜水艦寄港
U.S. Sub's Port Call

11月12日、雨雲が垂れ込める長崎県・佐世保湾に入る米原子力潜水艦「シードラゴン」。米原潜による日本への初の寄港だった。佐世保ではデモ隊が機動隊と衝突するなど激しい抗議行動が展開された。米原子力艦船の日本への寄港は、この年の日米両政府の覚書などにより横須賀（神奈川県）、佐世保、ホワイトビーチ（沖縄県）の3基地に限って認められた。

The U.S. nuclear submarine Sea Dragon arrives at Sasebo harbor in Nagasaki Prefecture on Nov. 12, 1964.

101. 佐藤首相が新宿駅のラッシュ視察
Prime Minister Sato Checks Rush-hour

11月26日、国鉄(現JR)新宿駅のホームで朝のラッシュを視察する佐藤栄作首相(矢印)。佐藤首相は池田勇人前首相の病気退陣に伴い11月9日に首相に就任した。沖縄返還が実現した約1カ月後に首相退陣を表明、約7年8カ月にわたって長期政権を維持した。1974年ノーベル平和賞を受賞した。

Prime Minister Eisaku Sato (arrow) observes the morning rush-hour at Shinjuku Station on Nov. 26, 1964.

102. 富士山にドーム型レーダー
Dome-shaped Radar on Mt. Fuji

12月、標高日本一の富士山に完成した気象庁の富士山測候所のドーム形のレーダー。本州を直撃する台風の早期探知を目的に建設された。探知エリアは半径800㌔。1965年に運用を開始し台風観測に威力を発揮、現在の台風予報の基礎的データや予報精度の向上に寄与した。また山頂のシンボルとして登山者にも親しまれた。気象衛星の整備などに伴い99年にレーダーの運用を停止した。

The Japan Meteorological Agency builds a dome-shaped radar atop Mt. Fuji in December 1964 primarily to get early warnings of approaching typhoons.

数字で見る "1964" と "いま"

項目	1964年	いま（年）
推計人口	9718万人	1億2644万人（2018年）
労働力人口	4710万人	6815万人（2018年）
平均寿命 （0歳の平均余命）	男　67.67歳 女　72.87歳	男86.61歳 女87.32歳　（2018年）
合計特殊出生率	2.03	1.42（2018年概数）
15歳未満の子どもの人口 （総人口に占める割合）	2517万人 25.6%　（1965年）	1533万人 12.1%　（2019年）
65歳以上人口割合	6.2%	28.1%（2018年）
名目GDP	29.5兆円	550.5兆円（2018年）
実質経済成長率	11.2%	0.8%（2018年）
日経平均株価（12月末終値）	1216円55銭	2万14円77銭（2018年）
平均賃金（1人当たり/月額）	3万4200円	30万1000円（2017年）
バナナ　1kg	228円	259円（2016年）
中華そば（外食）	59.4円	573円（2016年）
テレビ　1台	5万5500円（モノクロ・16型）	5万2695円（液晶・32型）（2016年）
郵便はがき	5円	63円（2019年）
新聞代　1カ月 全国紙・朝夕刊	450円	4344円（2019年）
新幹線運賃（東京〜新大阪）	ひかり2等 2480円	のぞみ 1万4720円（2019年）
運賃（新橋〜品川）	20円（2等）	160円（2019年）
大学進学率	15.5%	53.3%（2018年）
女性選手の比率（五輪）	13.2%（全選手） 17.2%（日本人選手）	46.5%（全選手） 48.5%（日本人選手）　（2016年）
訪日外国人数	27万人	3010万人（2018年）
海外渡航者数	12万8000人	1895万人（2018年）

注　ひかり2等は現在の普通席　　　　　　　　　　　　　　　　　総務省統計局などによる
　　2019年と断りのある金額は消費税増税後

人々の暮らし、文化、スポーツ

103. 安全祈願受ける白バイ隊員
     Police Motorcyclists Get Traffic Safety Blessing

1月7日、東京都日野市の高幡不動尊で交通安全の祈願を受ける白バイ隊員ら。交通事故の年間死者数は1959年に1万人を突破し、その後も急速に増えつつあった。
Police motorcyclists receive a traffic safety blessing from monks at Takahatafudo Temple in Hino City on Jan. 7, 1964.

104. ビートルズが訪米
　　　The Beatles in the U.S.

2月9日、ビートルズが初めて米国を訪れ、テレビの人気番組「エド・サリバン・ショー」に出演した。英中部リバプールで活動を開始し、1962年10月5日に「ラヴ・ミー・ドゥ」でレコードデビュー。64年に「抱きしめたい」が全米ヒットチャート1位になり、66年には日本公演も行った。世界的な人気グループは70年に事実上解散した。(AP)

The Beatles appear on the popular Ed Sullivan Show on Feb. 9, 1964, during their first trip to the U.S. (AP)

105. 吉永小百合さんも防犯訓練に参加
Actress Yoshinaga Joins Anti-crime Drill

3月9日、「春の防犯運動」の一環として、東京都渋谷区で警視庁代々木署が開いた広報活動の様子。前年8月に拳銃所持の男が自宅に押し入る事件に遭った女優の吉永小百合さん(中央)も近所の人たちと一緒に真剣な表情で参加した。

Popular actress Sayuri Yoshinaga (C) participates in a spring anti-crime campaign in Shibuya Ward on March 9, 1964.

106. 高見山が新序出世披露
Hawaiian Takamiyama Makes Pro Debut

3月15日、大相撲春場所（大阪府立体育会館）の新序出世披露で土俵に上がった米ハワイ出身の高見山（中央）。高校時代はアメリカンフットボールのスター選手で、足腰の強化のために相撲をしていた。入門後は英語が通じず、けいこにも苦労して涙を流したこともあったが、「目から汗が出た」と強がった。1972年の名古屋場所で外国人力士として初優勝。明るい性格で相撲人気を国際的に高めた。84年に引退し年寄東関を襲名した。

Takamiyama (C) from Hawaii makes his full-fledged debut as a professional sumo wrestler at the Spring Ground Sumo Tournament in Osaka on March 15, 1964.

107. 集団就職列車で上野駅に
Youngsters Arrive at Ueno Station for Mass Employment

3月18日、集団就職列車で東京・上野駅に到着した中卒の若者たち。高度経済成長期を迎えた都会では働き手が不足、「金の卵」と呼ばれ重宝された。この年には歌謡曲の「あゝ上野駅」が大ヒット、親元を離れて働く彼らへの応援歌にもなった。集団就職が始まったのは1954年、最後の集団就職列車は75年3月の青森発の臨時急行列車だった。

Junior high school graduates arrive at Ueno Station on March 18, 1964 for mass employment in Tokyo and its vicinity.

108. 警視庁航空隊が正式発足
MPD's Aviation Unit Inaugurated

3月20日、東京都江東区内のヘリポートにそろった警視庁のヘリコプター。4月には警視庁航空隊が正式に発足した。1959年、全国の警察に先駆けて警視庁にヘリコプターが配備された。現在は、江東区新木場と立川市の2カ所に基地があり、合計14機のヘリコプターを運用、日本全国に出動している。退役した導入第1号機「はるかぜ」は現在、東京都中央区の警察博物館「ポリスミュージアム」に展示されている。

Tokyo Metropolitan Police Department helicopters are seen at a heliport in Koto Ward on March 20, 1964, before the inauguration of the department's aviation unit in April.

109. 日比谷公会堂で大手銀行の入社式
Welcoming Ceremony for Young Bankers

4月1日、東京・日比谷公会堂を埋めた大手都市銀行の新入社員約1600人。毎年新入社員が増え、本店では入社式を数回に分けねばならず、大きな会場でのマンモス入社式になった。

About 1,600 new employees of a major city bank attend a welcome ceremony at Hibiya Public Hall on April 1, 1964.

110. 上野の桜が見ごろ
　　　Cherry Blossoms at Ueno Park

4月5日、6月並みの暖かさとなった日曜日。東京・上野公園一帯は桜も見ごろとなり大勢の人たちでにぎわった。
People flock to see cherry blossoms in full bloom at Ueno Park on April 5, 1964.

111. 海外渡航自由化
Liberalization of Overseas Travel

4月6日、海外への観光渡航が自由化され、欧州へ向けて羽田空港を出発するツアー第1陣。旅行会社が募集したもので、欧州6カ国を巡る17日間の旅行代金は約70万円だった。この年の海外渡航者は12万8000人。1972年に100万人、86年に500万人、90年には1000万人を突破した。

Japanese tourists prepare to depart for Europe from Haneda airport on April 6, 1964, after Japan lifts curbs on overseas travel.

112. ミロのビーナス公開
Venus de Milo in Full View in Tokyo

4月8日、パリ・ルーブル美術館の至宝「ミロのビーナス」像が東京・上野の国立西洋美術館で公開された。東京五輪開催を祝ってフランス政府が貸与、初めて国外に出た。中央は開会式であいさつする池田勇人首相。1820年にこのビーナス像がギリシャで発見されたのもこの日とされる。警備は厳重を極め、京都にも巡回した公開展には計172万人が詰め掛けた。

The Venus de Milo from the Louvre Museum in Paris is on display at the National Museum of Western Art on April 8, 1964, for her first appearance abroad in celebration of the Tokyo Olympics.

113. 下町の路上で遊ぶ
Many Children Around

4月28日、小雨が降る中、東京の国鉄（現JR）錦糸町駅近くの路上でゴム跳びなどで遊ぶ子どもたち。1965年の統計では当時の人口の4分の1（25.6％）が15歳未満の子どもだった。総務省がまとめた人口推計によると、2019年4月1日時点で、子ども（外国人を含む）は前年より18万人少ない1533万人と38年連続で減少。総人口に占める割合は12.1％で45年連続の低下。いずれも比較可能な1950年以降、過去最低を更新した。

Many children play on the street near Kinshicho Station on April 28, 1964. The number of children below 15 years of age accounted for a quarter of the Japanese population in 1965, compared with 12.1% in April 2019.

114. ベビーカーでメーデー参加
Joining May Day Parade with Baby Strollers

5月1日、メーデーで社会保障の充実などを訴え、ベビーカーに子どもを乗せてデモ行進する女性たち。東京では五輪開催準備で例年の神宮外苑が使えないため5会場での分散開催となった。

Women push their baby strollers while participating in May Day demonstrations for better social security and other causes on May 1, 1964.

111

115. 天皇陛下が初めての遠足
Prince's First Excursion

5月22日、学習院幼稚園の初めての遠足で、東京都文京区の小石川植物園を訪れた当時4歳の天皇陛下。少し疲れて付き添いの上皇后美智子さまに抱っこしてもらう。

4-year-old Prince Naruhito visits the Koishikawa Botanical Garden in Bunkyo Ward on his first kindergarten excursion with his mother, Crown Princess Michiko, on May 22, 1964.

116. しゃもじ掲げ「値上げ反対」
Spoon-holding Protesters

5月27日、東京・四ツ谷駅前で、牛乳の値上げに反対しビラを配る主婦連合会（主婦連）のメンバー。主婦連は1948年の「不良マッチ退治主婦大会」をきっかけにして各地のグループの連合体として発足。消費者団体の草分けとして活動、トレードマークはしゃもじのプラカードとかっぽう着。

Housewives carrying large spoons protest over milk price increases in front of Yotsuya Station on May 27, 1964.

117. 手作業での電話交換業務
Telephone Operators with Busy Hands

6月5日、埼玉県の熊谷電報電話局の電話交換業務。手作業で複雑な回線をつなぐ。1890年代に始まった電話交換業務は女性に人気の職業で、女性の社会進出のきっかけになったとされる。電話の普及に伴い電話交換は自動化された。配置転換や職種転換ができない交換手に対する退職金などを支給する法案が64年に成立、79年に自動化が完了した。

Telephone switchboard operators at the Kumagaya telegraph and telephone office in Saitama Prefecture connect lines manually on June 5, 1964.

118. 金田投手が殊勲選手
Pitcher Kaneda Named MVP

7月20日、川崎球場で行われたプロ野球のオールスター第1戦で投打に活躍、殊勲選手となりトロフィーを掲げる国鉄スワローズ（現東京ヤクルトスワローズ）の金田正一投手。このシーズン終了後に残留交渉がまとまらず巨人に移籍した。通算400勝のうち国鉄時代に353勝を挙げた。

Masaichi Kaneda, a top hurler with the Kokutetsu Swallows (present-day Tokyo Yakult Swallows), is named the most valuable player of an All-Star game at Kawasaki Stadium on July 20, 1964.

119. 自宅でくつろぐ王選手
Slugger Oh at Home

8月12日、東京都墨田区の自宅でレコードを聴き、くつろぐ24歳の王貞治選手。プロ野球の巨人に入団して6年目。この年55本で本塁打王になった。1980年に現役を引退するまで数多くの栄誉を手にし、22年間で通算868本塁打、2170打点、打率3割1厘の成績を残した。

Yomiuri Giants slugger Sadaharu Oh relaxes in his house in Sumida Ward on Aug. 12, 1964. He hit 868 home runs and batted .301 with 2,170 RBIs in his 22-year career.

120. SLが暴走、堤防に衝突
Train Out of Control

8月16日、東京都足立区の国鉄(現JR)北千住駅構内で、貨物入れ替え作業中の蒸気機関車(SL)が車止めを乗り越えて暴走、荒川堤防に衝突した。10月には東海道新幹線が開業したが、このころから国鉄の電化が全国で急速に進みSLも徐々に姿を消した。SLによる国鉄の旅客列車の最終運転は1975年。国鉄100年の歴史をけん引してきたSLとの別れに全国からファンが殺到した。

A steam locomotive goes out of control during cargo replacement operations at Kitasenju Station and slams into the Arakawa embankment on Aug. 16, 1964.

121. 名神高速一宮インターチェンジが完成
Ichinomiya Interchange Inaugurated

9月2日、完成した名神高速道路の一宮インターチェンジ。6日には愛知県一宮市と兵庫県西宮市を結ぶ区間が、日本初の本格的な都市間高速道路として開通した。1965年7月には愛知県小牧市までの全線が開通。69年には東名高速道路が全線開通し、東京・世田谷から名神高速・西宮まで約535㌔がつながった。
The Ichinomiya Interchange on the Meishin Expressway is completed on Sept. 2, 1964.

122. 村上投手が日本人初の大リーガー
Murakami Makes Major League Debut

9月9日、米大リーグのドジャース戦に登板したジャイアンツの村上雅則投手。6回からリリーフとして登板、2イニングを好投した。村上投手は南海ホークス（現福岡ソフトバンクホークス）から野球留学という形でジャイアンツ傘下のマイナーへ。実力が認められ、その年のうちにメジャーデビューを果たした。日本人初の大リーガーとして、シーズン9試合に登板し1勝した。2年目は4勝1敗8セーブで、この年限りで日本に戻った。（AP）

Masanori Murakami of the San Francisco Giants pitches against the Los Angeles Dodgers on Sept. 9, 1964, becoming the first Japanese in the U.S. major league. (AP)

123. シンザンが三冠馬
Triple Crown Winner Shinzan

11月15日、京都市の京都競馬場で行われた菊花賞で栗田勝騎乗のシンザンが勝ち、セントライト以来23年ぶり2頭目の三冠馬に輝いた。その走りっぷりは「ナタの切れ味」と言われ、初の五冠を達成して「史上最強馬」とたたえられた。戦績は19戦15勝で、2着が4回。

Shinzan wins the Kikka-sho at Kyoto Racecourse on Nov. 15, 1964 to become the second triple crown horse since St Lite.

124. 大鵬が15度目の優勝
Taiho Gets 15th Title

11月22日、大相撲九州場所で15度目の優勝を飾り、賜杯を手に喜びの横綱大鵬。1962年から63年にかけて6連覇を達成した。大鵬は樺太(サハリン)で生まれ、終戦で北海道へ引き揚げた。16歳で二所ノ関部屋に入門。「ご飯をたくさん食べられるからつらくなかった」。ライバルの柏戸と「柏鵬時代」を築き、優勝は32回。「巨人・大鵬・卵焼き」の流行語にもなったヒーローだった。

Yokozuna Taiho holds the Emperor's Cup after sealing his 15th championship victory at the Kyushu Grand Sumo Tournament on Nov. 22, 1964.

125. 長嶋選手が婚約発表
Nagashima Announces Engagement

11月26日、都内のホテルで婚約発表の記者会見をするプロ野球巨人の長嶋茂雄選手と西村亜希子さん。亜希子さんは得意の語学を生かして、東京五輪で来日した各国元首らの接待役を務めた。スポーツ紙の企画で長嶋選手と対談したのをきっかけに交際し、翌65年1月に結婚式を挙げた。

Yomiuri Giants third baseman Shigeo Nagashima announces his engagement to Akiko Nishimura at a Tokyo hotel on Nov. 26, 1964.

126. さえない表情の証券マン
Quiet Traders

12月11日、東京・日本橋兜町の東京証券取引所で低調な商いを物語るようにさえない表情の証券マン。東京五輪開催の約3年前に史上最高値を付けた平均株価は、五輪後の1965年にかけて下り続けた。65年11月には不況対策のため2590億円の赤字国債発行で歳入不足を補う補正予算編成方針が閣議決定された。財政均衡主義を崩す戦後初めての赤字国債発行。

Traders on the Tokyo Stock Exchange kill time during quiet post-Olympic trading on Dec. 11, 1964.

エピローグ　様変わりした五輪の迎え方
Epilogue: Radical Change in Welcoming Olympics

　1964・東京五輪から56年。再び世界の祭典がやってくる。

　あの時と打って変わって誰もが認める先進国となり、年間2000万人以上の観光客が外国から訪れる日本。スポーツ競技会としての五輪も様々な変遷を経て様変わりした。

　前回の東京五輪を比較的はっきり覚えている日本人は3割ぐらいだろうか。「2020東京五輪」を迎える気持ちも一様ではないはずだ。しかし開催するからには成功し、世界と日本の人々にいい思い出を残してほしいと思うのは自然のことだ。

　元号も令和と変わり、明けて2年目となる来年、五輪熱はますます高まるだろう。1964年には揺籃期だったパラリンピックも、現在では大きな注目と人気を博するようになった。「オリンピック」より「オリ・パラ」と呼ばれるゆえんだ。スポーツの素晴らしさ、楽しさの中に障害者を巻き込み、社会的偏見を取り去っていくための祭典でもある。

　その一方で「2020五輪」がさまざまな課題を抱えていることも見過ごせない。膨れ上がっていく関連費用、当初の計画がなし崩し的に変更されるずさんさ、一年中で最悪の酷暑の中で開催される不可解さ、交通機関の混雑と渋滞への対策、さらには招致活動をめぐる不透明さ…。

　五輪自体が巨大化、商業化の中で変貌変質し、その結果1964年当時の大会とは別物になった感すらある。開催経費のとめどない膨張や酷暑の時期に開催せざるを得ないこともそのような事情が絡んでいる。成長した経済を見せつけ、さらなる成長の契機とする狙いや「世界は一つ」を高らかにうたい上げるといった理念は今では無邪気すぎるように見える。

　それならば五輪を再び開催する意味はどこにあるのか？少なくともその一つは、自国優先主義や多様性の否定が声高に語られる世界の趨勢にあって、人類共通の課題をあらためて考える機会にすることではないだろうか。

The world sports festival is coming to Tokyo once again after a 56-year hiatus since the 1964 Olympics. Far from the times of the last Olympics, Japan has been universally recognized as an industrialized country and welcomed more than 20 million foreign tourists annually. The Olympics have also undergone various transformations as a sporting event.

About 30 percent of the Japanese people probably clearly remember the last Tokyo Olympics. The public is not uniform about welcoming the upcoming Games. But it is natural for the people to want to see Tokyo 2020 succeed and provide good memories for people from other countries as well as the Japanese.

The era name has changed from Heisei to Reiwa, and Olympic fever will certainly heighten next year. The Paralympics, which were in their infancy in 1964, have attracted attention and gained in popularity. It's no wonder that the Olympics are now often called OlyPara for short. The Olympiad is a festival for including the handicapped in the wonders and pleasure of sports and eradicating social prejudice.

On the other hand, we also cannot overlook various challenges surrounding Tokyo 2020 – ballooning operational costs, planning fiascos, inappropriate timing of the Games in the blistering heat, confusion and congestion of transportation systems and murky invitation activities.

As the Olympics have radically burgeoned and commercialized, they have become a totally different sporting event from the 1964 Games. Skyrocketing operational outlays and the staging of Tokyo 2020 in the middle of midsummer heat have some bearing on the transition. It may have seemed very naïve to accept Tokyo's bid to demonstrate Japan's economic maturity and foster its further growth, in an effort to promote the world as one.

So what is the meaning of Tokyo's hosting of the Olympics once again? At least one objective is the opportunity to rethink the tasks all human beings face in times when many are loudly putting their own country first or seeking to deny diversity.

2020・熱気再び

127. エンブレム剥がす作業員
Removing Disputed Logo

2015年9月2日、成田空港に掲示されていた東京五輪・パラリンピックのエンブレムを剥がす作業員。20年東京五輪・パラリンピックの大会組織委員会が、ベルギーの劇場ロゴに似ているとの指摘を受けるなど批判が高まっていた大会エンブレムを白紙撤回し、新エンブレムを選考し直すことを決めたための措置。その後、公募により16年4月「組市松紋」の新エンブレムが決まった。総工費の増大などを受けた新国立競技場計画の見直しに続く前代未聞の事態となった。

Workers take down the Tokyo 2020 Olympics and Paralympics logo at Narita airport on Sept. 2, 2015 after accusations of plagiarism. The Olympics organizing committee decided on a new emblem, a navy-colored check design with its roots in the Edo period, in April, 2016.

128. ゴールし倒れ込む選手
Tough Race for Athletes

2019年8月15日、トライアスロン女子の東京五輪テスト大会で、お台場海浜公園でゴールし、倒れ込む選手たち。ランは通常の半分の5㌔にして実施されたが、フランス選手が熱中症の疑いで、救急車で運ばれた。都内臨海部で行われた五輪各競技のテスト大会では、猛暑による熱中症の危険性が浮き彫りになり、選手や国際競技連盟から開催地や競技時間の見直しを求める声も出た。

Triathletes are exhausted after crossing the finish line in a Tokyo Olympic test event on Aug. 15, 2019. A French athlete was treated for suspected heatstroke.

129. 子どもたちが車いすバスケ体験
     Learning Wheelchair Basketball

2019年8月24日、東京パラリンピック開幕まで1年となるのを前に、東京都墨田区で開催された競技体験イベントで車いすバスケットボールを楽しむ子どもたち。

Children get hands-on experience of wheelchair basketball in Sumida Ward on Aug. 24, 2019 ahead of the Tokyo 2020 Olympics and Paralympics.

130. 円陣組む「さくらジャパン」
　　　Sakura Japan Field Hockey Team

2019年5月9日、甲府市内のスタジアムで円陣を組むホッケー女子日本代表「さくらジャパン」。20年東京五輪では男女とも日本に開催国枠が与えられ、五輪出場が確定。女子は5大会連続の出場。

Members of the "Sakura Japan" women's field hockey team form a circle in Kofu on May 9, 2019 to prepare for Tokyo 2020.

東京オリンピックがあった頃

川本三郎
評論家

　東京オリンピックのメインの会場となる明治神宮外苑の国立競技場が完成したのは、昭和33(1958)年の3月のこと。
　この年はNHKのテレビ登録数が100万台を突破し、12月にはテレビ塔の東京タワーが完成した。テレビ時代の始まりの年だった。
　個人的な話になるが、この年、私は中学2年生。杉並区の阿佐谷の自宅から港区にある学校まで、中央線、都電を利用して通っていた。中央線の電車が千駄ケ谷駅から信濃町駅に向かうにつれ、車窓に建設中の競技場が見えてくる。やはり建設中の東京タワーと完成を競い合っているようだった。
　中学校の校舎の屋上からは、ほぼ目の前に建設中の東京タワーが見え、その年の暮れ、12月23日に完成した時は「世界一の塔」であることがうれしかった。
　昭和19年生まれの人間の小学校時代は、日本の社会はまだ戦後の混乱期にあり、市井の家庭の暮しはおおむね貧しかった。
　どうにか社会に落着きが見えてくるのは、昭和30年代に入ってからだろう。昭和33年に完成した東京タワーと国立競技場は、戦後の貧しい時代が終わり、これからは豊かな時代になるという希望の象徴になった。
　国立競技場で中学生のあいだでも話題になったのはトラックの「アンツーカー」。手元の辞書によれば「水はけをよくするためにれんがの粉のような土を敷いたコート」。赤い色が鮮やかだった。こういうトラックを見るのは、はじめてのことだった。新しい時代が始まったという思いだった。
　完成直後の同年5月、この国立競技場をメインの会場にして第3回アジア競技大会が開かれた。
　これが成功した結果、翌昭和34年の5月、西ドイツのミュンヘンで開かれた国際オリンピック委員会の総会で、1964年の第18回夏季オリンピック大会の開催地が東京に決定した。
　ここからオリンピックに向けて東京の町の大改造が始まった。市川崑監督の記録映画「東京オリンピック」(1965年)は、冒頭、次々に建物が壊されてゆく場面から始まっているが、オリンピックに向けての破壊と建設が東京のあちこちで始まっていった。
　オリンピックはスポーツのイベントであると同時に、都市改造の国家的プロジェクトだった。
　森鷗外は、明治の日本は、西欧列強に追いつき追いこせの急速な近代化のためにつねに「普請中」(工事中)と表したが、東京オリンピックはまさに戦後における「普請」だった。
　このあわただしい「普請」の時代を批判する人も無論いたが(公害など、高度経済成長のひずみはこの頃からすでにあらわれていた)、それでも、終戦後の貧しい時代しか知らない私などの世代は、オリンピックのための「普請」で次々に新しい建物が建ってゆくのを見るのは、うれしいことだった。
　昭和22年東京生まれの建築史家、陣内秀信氏は私との対談(『東京人』2004年9月号)のなかで語っている。
　「(批判もあったかもしれないが)でも、大方の人はオリンピックを歓迎していましたよ。われわれが小学生、中学生だった頃は、未来都市の絵がいっぱい描かれ、それに憧れ、その姿が、まさに実現していった」。
　技術が夢を与えてくれる時代だった。国立競技場のアンツーカーはまさに夢だった。個人的な思い出になるが、私の学校では昭和37(1962)年、私が高校3年生の時に国立競技場で運動会を行なった。当時、競技場は使用していない時に、そういう利用を許可していたらしい。
　高校生最後の運動会で、いずれオリンピックの会場になる競技場の赤いアンツーカーを走ったことはいい思い出になっている。

　「普請」は身近なところから始まった。当時、私の住む阿佐谷の町にはどぶ川がたくさんあった。農業用の用水が、その後の宅地化で放置され、汚れきっていた。悪臭を放っていた。それが徐々に暗渠化していった。明らかに町はきれいになった。
　「オリンピックには外国からたくさん観光客が訪れる。恥しくないように町をきれいにしよう」という美化運動が暮しのなかで始まった。いまにして思えば笑い話かもしれないが、「立小便をやめよう」「ランニングシャツで外に出るのはやめよう」という、都だったか区だったかのお達しもあった。「犬をつなぐようにしましょう」と強く言われるようになったのもこの頃だろう。それまでは飼犬は放し飼いにされていた。
　どぶ川を暗渠にする。埋立てる。それを大規模に行なったのが、都心の築地川などの大きな川の埋立て。かつて「水の東京」と言われたほど市中は、隅田川を中心に大小さまざまな掘割があったが、それが美化のために埋立てられていった。昭和30年代のはじめまで銀座は東西南北を堀割に囲まれた島だったが、それも埋立てられた。
　そして築地川などの大きな堀割を埋立てたあとには高速道路が作られていった。いまにして思えば、「水の東京」を残しておけばよかったのにと惜しまれるが、オリンピックに向けての都市改造のなかではそれは「進歩」であり「善」だった。

身近な暮しのなかでは、昭和38年頃だったと思うが、わが家のトイレが、それまでの汲み取りから水洗に変わったのも大きな変化だった。大仰ではなく、「アメリカ」の暮しに近づいたと思った。

水といえば、東京オリンピックの直前に、東京ではほとんど雨が降らず、極端な水不足になったことも記憶にある。トイレが水洗になり水の使用量が増えたことも一因だったかもしれない。

雨が降らない。「東京砂漠」といわれるほど水不足になった。小河内ダムが干上がり、給水制限が始まった。神社では大真面目に雨乞いの儀式が行なわれた。このままではオリンピックの開催も危ぶまれる。オリンピック担当の河野一郎国務大臣は危機感を覚え、荒川の水を東村山浄水場へ送る水路の工事を急がせた。

水不足を解消したのは結局は雨だった。9月に入って台風による豪雨があり、そのおかげでようやく「東京砂漠」状態は終った。

東京の水問題はこれを機に重要視され、オリンピックのあと利根川の上流に矢木沢ダムや下久保ダムが作られてゆく。

都市美化運動で思い出すのは、スラムの解消があった。中学、高校時代、前述したように杉並区の阿佐谷から中央線、都電を使って港区の学校に通っていたが、途中、小さなスラムが二つあった。

ひとつは中央線の大久保駅周辺。もうひとつは信濃町から品川へ向かう都電（7番系統）の青山墓地あたり。墓地の向かいは米軍の用地になっていてそこは立入り禁止。周囲に張りめぐらされた金網と都電の線路のあいだのわずかな土地に終戦直後の焼跡闇市を思わせるバラックの集落があった。

2カ所ともオリンピックが近づくにつれて消えていった。都市美化、のちの言葉で言えばジェントリフィケーションの一環だったのだろう。オリンピックに向けて、東京の各所にまだ残っていた戦後的空間が消えていった。

オリンピックに合わせるように消えていった重要なものに都電がある。私が通学に都電を利用していたことでも分かるように、昭和30年代のなかばまでは東京のあちこちを縦横に都電が走っていた。「電車通り」という言葉もあった。都電は都民の足だった。

それが徐々に消えていった。東京都は、オリンピック開催が決まった直後の昭和34（1959）年の7月には早くも、都電全面廃止の決定をしている。

環境問題が重要になっている現在から見れば、あの時、都電（路面電車）を残しておけばよかったと悔やまれるが、車社会へと向かいつつある当時は、車の邪魔になる都電を廃止することは「進歩」であり「善」だった。高速道路を造るために「水の東京」の豊かな資産だった掘割を埋立てたのと同じである。

少しマイナーな話をする。

映画史の日陰の部分になるが、成人映画という低予算の映画がある。これが小さなプロダクションによって作られるようになったのはオリンピックの直前の昭和37（1962）年。現在でいうポルノ映画である。

「肉体市場」「情欲の洞窟」という題名からそれと分かる成人向け映画が、大手映画会社とはまったく違う小さなプロダクションで作られ、それが盛り場の隅の映画館で上映され、客を集めるようになった。

これを支えた観客はふたつに分かれる。ひとつは若者で、まず当時から増大した大学受験生。思春期の好奇心から成人映画に引き寄せられた。さらに、中小企業で働く未組織の若年労働者も多かっただろう。忘れてはならないことだが、当時はまだ、中学を卒業すると集団就職によって地方から東京に働きに出てくる若者が多かった。

成人映画を支えたもうひとつの観客は建設労働者だった。オリンピックに向けていたるところで工事が行なわれている東京には、地方から多くの出稼ぎ労働者が働きに出てきた。彼らの底辺での労働なくしてはオリンピックは出来なかった。単身で東京に働きに来た労働者の娯楽のひとつが成人映画だった。

オリンピックはスポーツの祭典であると同時に国家的プロジェクトであり、これを機に大々的なインフラの整備が行なわれていった。

高速道路が出来る。環状7号線や首都高速1号線などのいわゆるオリンピック道路が出来る。それまで地下鉄は銀座線だけだったが丸ノ内線、日比谷線、東西線が開通する。名神高速道路が出来る。浜松町と羽田空港を結ぶモノレールが営業を開始する。

モノレールはオリンピックにやってくる海外からの観光客を羽田空港から都心へと運ぶためのものだったが、同時に、日本から海外旅行に出かける観光客も多く利用した。

というのも、オリンピックの直前、昭和39（1964）年4月、日本はIMF（国際通貨基金）の8条国（国際収支上の理由による為替制限の出来ない国）に移行、1人年間500ドルの範囲内での海外旅行が自由化されたから。日本も豊かな国の仲間入りをした。

海外旅行に出かける人が増え、日本航空の企画した団体旅行、JALPAK（ジャルパック）が人気になった。

交通機関の整備ではなんといってもオリンピックの直前、昭和39年の10月1日に開業した新幹線が大きい。東京―新大阪間を早くて約4時間。公募によって「ひかり」「こだま」と名づけられた特急列車が走る。

昭和39年といえば私は大学1年生。スポーツより鉄道の方が好きだったので、大学に入るやアルバイトで金を貯め、あえてオリンピック期間中に新幹線で京都に行った。

それまで京都に行くには東京を夜の8時頃に出る特急「明星」や「彗星」に乗る。夏は米原あたりで夜が明けてきて京都には6時頃に着く。ほぼ10時間。それが4時間弱に短縮された。夜行列車の旅には捨て難い魅力はあるものの、それまでの半分以下の時間で京都に着くのはやはりうれしい驚きだった。

鉄道でいえば、日常生活でよく利用していた中央線が中野から先、高円寺、阿佐ケ谷と高架になってゆくのがオリンピックのあとの昭和41（1966）年のこと。阿佐ケ谷に関していえば、それまで南口と北口を分断していた“開かずの踏切り”がなくなったのはやはり「進歩」だった。

鉄道の高架化はこの頃から進められていった。ここにも都市改造がある。

東京の町は次々に新しくなっていった。なかでも大きく変わったのは新宿だろう。

まず新宿駅が新しくなった。それまでの駅舎は大正時代、関東大震災のあとに出来たもので、戦時中に空襲に遭ったこともあり、暗くくすんだ感じがあった。

それが改築され、現在のような新しいビルになり、上には商店街が入った。ステーションビルと呼ばれる駅ビルのはしり（現在のルミネエスト）。

このビルが出来たことで駅周辺が明るくなり、駅前に作られた広場には若者が集まるようになった。とくにヒッピーとかフーテンとか呼ばれる自由な若者たちのたまり場になった。

東口では、紀伊國屋書店が、それまでの2階建てから現在の9階建ての新しい建物に生まれ変わった（設計は前川國男）。

このビルはさまざまな点で画期的だった。

入口が公共の広場のようになっていて、道路からそのままなかに入れる。開かれた建物になっている。道路からエスカレーターで2階に上がれるという構造も新鮮だったし、1階は裏へと通り抜けるパッサージュのようになっている。いまはなくなってしまったが、1階には小さなバーがあり、年長の紳士が酒を飲みながら本を読んでいる姿は格好よかった。

この建物のなかにはホールがあり、演劇だけではなく映画の上映もあった。大学生の時に、当時、学生に人気の評論家、吉本隆明の講演会を聴きに行ったが、超満員だった。

紀伊國屋書店は、単に書店というより文化発信の場になり、若者たちの集まる場所になった。エスカレーターで2階に上がるとすぐ右手に帝都無線というレコード店が出来たのも大きい。ちょうどオリンピックの前年にはビートルズが日本で人気が出た。そのあとに続くようにローリング・ストーンズ、あるいはアメリカのボブ・ディランやジョーン・バエズが登場した。

この頃から、それまで遠かったアメリカが次第に近くなった。昨日、アメリカでヒットしたボブ・ディランの「風に吹かれて」が今日はもう日本でも歌われている。

新宿駅の西口はそれまで広大な淀橋浄水場があったために開発が遅れていたが、昭和40（1965）年に東村山市の新浄水場への移転が決まってから、駅周辺が再開発されていった。小田急デパート、京王デパートをはじめ、ビルが次々に建てられてゆく。昭和41（1966）年には、西口地下広場が完成する（設計は坂倉準三）。それまでの戦後の闇市的空間にかわって近未来都市のような広場が生まれた。

のち、ベトナム戦争が激化し、日本でも若い世代を中心に反戦運動が広がった時、この西口地下広場でベ平連（ベトナムに平和を！市民連合）主催による反戦フォークソング集会が開かれることになる。

それまでも新宿は学生を中心に若い世代の多い町だったが、それまでは学生服を着た「青年」だったのに、オリンピックの頃から登場したのは、知性よりも感性を大事にする「若者」だった。

東京オリンピックのあった昭和39年4月には若者向けの週刊誌「平凡パンチ」が創刊された。ファッション、車、セックスを三本立てとし、「青年」にかわる「若者」のあいだで人気になった。

「若者文化」が登場したのものこの時期の大きな特色だろ

う。従来の「青年」は、大人になる前の一段階にすぎなかったのに対し、「若者」は、ひとつの層として独自の主張をするようになった。

ロックやフォーク、漫画、アングラ演劇など、のちにサブ・カルチャアと呼ばれる若者文化が次々に誕生した。そのメッカが新宿だった。寺山修司の有名な言葉、「書を捨てよ、町へ出よう」の「町」は新宿をイメージしたものだろう。

町が若者文化を育て、若者文化が町を活気づかせた。1960年代の東京は新宿の時代だったといっていい。

日本でベトナム戦争に対する反戦運動が強まるのはオリンピックの翌年、昭和40年2月の米軍による北ベトナムへの爆撃(いわゆる北爆)が始まってからだろう。このあと作家の小田実、開高健らの呼びかけでベ平連が結成され、反戦運動は広がってゆくが、それを支えたのは間違いなく「若者」であり、反戦運動は若者文化とも連動していった。

だから昭和43(1968)年の10月21日の国際反戦デーに若者たちが新宿に結集したのは当然だった(新宿騒乱事件)。

東京オリンピックでアベベが優勝したマラソンのコースは、神宮外苑の国立競技場を出て新宿に向かい、甲州街道を西へと走り、調布市の飛田給で折返し、国立競技場に戻ってくるもの。市川崑監督の映画「東京オリンピック」には、アベベが新宿駅南口の甲州街道の陸橋を走る姿がとらえられているが、あたりには淀橋のガスタンクと文化服装学院の円型校舎があるくらいであとは高い建物はない。

開発されつつあるとはいえ、新宿の西口はまだ寂しいところだったことがうかがえる。この映画にはまた選手たちが甲州街道を走る姿がとらえられているが、街道沿いにはまだ瓦屋根の軒の低い昔ながらの日本家屋が多い。

オリンピックによって高速道路が出来、新幹線やモノレールが走り、新しいホテルが建ち、東京は表面的には新しくなったが、よく見ると、それはごく一部で多くの東京はまだ古い町並みを残していた。新旧が混在したアンバランスな町だった。逆にいえば、だからこそ、国立競技場や、丹下健三が設計した国立屋内総合体育館、駒沢のオリンピック公園内の中央広場と駒沢体育館などが目立ったのだろう。

東京オリンピックでは女性が活躍した。

日本ではなんといっても女子バレーチーム。大松博文監督率いるチームは強敵ソ連を破り金メダル。この試合のテレビ視聴率は66.8%に達するほど日本じゅうが熱狂した。

そして「オリンピックの華」と謳われたのがチェコの美貌の体操選手ベラ・チャスラフスカ。跳馬、平均台、個人総合で金メダルを獲得し、日本人に愛された。

来るべき女性の時代を先取りしていたといえようか。

昭和4(1929)年生まれの作家、向田邦子は、オリンピックの当時、テレビのドラマを書く仕事をしていた。両親と一緒に暮していたが、仕事に専念するためになんとか一人暮しをしたい。

その日、身のまわりのものを持ち、可愛がっていた猫を連れて、部屋探しをするため家を出た。猫を飼ってもいいマンションを探して、不動産屋の車で青山から麻布にかけて走りまわった。ようやく霞町(いまの西麻布)にマンションを決めた。その日は10月10日。オリンピックの開会式の日だった。青山の横丁に入ると国立競技場が見えた。

「たいまつを掲げた選手が、たしかな足どりで聖火台を駆け上ってゆき、火がともるのを見ていたら、わけのわからない涙が溢れてきた。オリンピックの感激なのか、30年間の暮らしと別れて家を出る感傷なのか、自分でも判らなかった」(『眠る盃』)。

オリンピックが働く女性の自立を励まし、祝福していたのだろう。

大きな祭の少し前に

東 直子
歌人、作家

「選手村」という言葉に、憧れる。「町」や「街」ではなく、「村」であるところにぐっとくる。「町」や「街」には、利潤追求のためのシステム化された場所を思うが、「村」は、お互いが生きるために必要なことを助け合いながら身を寄せ合っている印象を与える。自分が得意なスポーツでその国の代表に選ばれ、同じようにスポーツが得意な若者たちで形成される一時的な村。誇らしい気分に満ちあふれた、選ばれし者たちの楽園。回りにいるのは、ライバルでありながら、切磋琢磨する仲間でもある。競技が終われば、爽やかにお互いの健闘を讃えあい、苦労を分かちあえるだろう。たいていの選手はまだまだ若く、健やかな自負を支えとする未来への希望に充ちている。

NHKの大河ドラマ「いだてん」で、1932年のロサンゼルスオリンピックの様子が描かれていた。水泳チームの総監督として選手村で寝食をともにしていた、阿部サダヲ演じる田畑政治が、オリンピックが終わったあとに「帰りたくねえなあ」と空を見上げながら大きな声で言い放ったシーンが忘れられない。人種差別やチーム内のいざこざ、とてつもないプレッシャーなど、緊張や焦燥感、憤りや後悔などがあったにもかかわらず、スポーツを軸とした巨大な祭の熱狂の中に一人一人の心が情熱を帯びて巻き込まれていくことのおもしろさが集約した言葉でもあったのだろうと思う。

フィクションも織り交ぜながらの「いだてん」を興味深く、やや興奮して観たあとに眺めた、1964年の東京オリンピックの代々木の選手村の写真は、どれもとても興味深かった。

まず、「食堂で昼食をとる入村第一号のハンガリー選手団」。スープと大小の平皿に盛られた写真、そしてコカコーラの瓶が見える。日本に出始めた頃、「こんな醤油みたいなの飲めるか」と言い放った人がいるという、あのコーラ。瓶入りである。そういえば、瓶入りのコーラって、最近とんと見かけない。2020年の東京オリンピックの選手村ではきっと、瓶入りのコーラは皆無になるのだろう。それはともかく、このコーラ、ぜんぜん減っていなくて、まだ誰も飲んでいない様子。本人の意向も聞かずに供しているような気がしてしまう。

一方で、選手村の食事を用意する女性たちが、駐車場のような野外でほおかぶりをして割烹着を着て大量のタマネギを剝いている写真がある。調理場が狭すぎたのだろうか。バックヤードはずいぶんとワイルドである。当時の女性たちはまだ日常着が和服の人も多かったことが、他の写真からも分かる。

菊の匂いをかいでいるイタリア選手もほほえましい。薔薇のように大きくて派手だから、香りを嗅ぐ気持ちは分かる。でも、あまりいい匂いでもないよね、と訊いてみたくなる。案外、神秘的な香りだなあ、なんて思ったのだろうか。こちら側に、お葬式や法事に使う花というイメージが染み付いてしまっているだけなのだろうか。

女性警察官に見守られながら女子選手村を出る女子選手の表情も明るい。大会で配られたと思われる「1964」の文字が見える紙バッグのような物を持っている。この時13.2%だった女子選手が、56年後の東京では半数に迫っているという。喜ばしいこととして受け止めると同時に、戦いながら後進につなげてくれたすべての女子選手に敬意を示したい。

琴を習ったり、髪の毛をセットしてもらったり、着物を着たり、似顔絵を描いてもらったり、など、選手村が一種のアミューズメントパーク化していることが窺えるが、一番驚いたのが、選手村で挙式をしている人がいたことである。ブルガリア人のカップルが、杯を口にあてている。「神前で執り行われ」と記載されているので、三三九度をしているところなのだろう。さすがにオリンピックに来る前から恋人同士だったのだと思うが、オリンピックに来て気分が盛り上がり、ここで結婚式をあげてしまおうと急遽願い出たのか、来る前から打診していたのか。生きていれば二人とも70代後半だ。オリンピック村で結婚式を挙げたなあ、と折りにふれて思ったことだろう。なにもこんなところで、そんなプライベートなイベントをしなくても、と思ってしまうが、こんなところで行える二人だからこその特別さを生かした独特のアイディアではある。選手村には、二人の愛を誓い合うプライベートな行事も許してくれる懐の深さがあったのだ。

オリンピックは、スポーツを前提とした国同士の戦いではあるが、決して国家権力を奪い合うためのものではなく、あくまでもお祭り、祝祭なのだ、ということを実感できるエピソードである。私の頭の中に『戦場のメリークリスマス』という映画が蘇る。クリスマスの時期は、戦地も停戦になる。一時的に、敵味方という関係がなくなる。オリンピックの会場の外に利害関係を持ち込んではならない。その戦いは、あくまでもスポーツの上での幻の敵味方なのだ。オリンピックは、4年に一度のスポーツクリスマスなのだと思う。

私は、1963年の年末に生まれた。1964年に最初の東京オリンピックが開催されたとき、この世に確かに存在はしていたのだが、直接の記憶は全くない。銀行員だった父が広島の支店にたまたま勤めていたため、広島で出生した。その後1歳半で広島から大阪に引っ越したので、当時の広島のこと

もまるで記憶に残っていない。住んでいた茅葺き屋根の家の前で姉と並んでいるモノクロ写真が残っているだけである。両親ともに田舎育ちなので、そういう家の方が落ち着いたのか、わざわざ中心部を離れた田舎に古い家を借りて住んでいたらしい。茅葺き屋根の家からビジネスマンが毎日通勤するイメージが今はないが、私が生まれた頃はまだそういうこともあったのだ。

東京オリンピックの開会式が行われた当時の国立競技場の写真を見ても、その街並みが、現在とまるで違うことに驚く。2019年現在、高層ビルを含むビルの群れ、代々木公園などの緑地帯を除いてあたりを覆い尽くしているが、1964年の写真で確認できる範囲には高層ビルは建っておらず、東京タワーが抜きん出て高い。競技場のまわりは、普通の一軒家と思しき屋根が多く並んでいる。現在の代々木はオフィス街だが、当時は普通の家族が寝泊まりする住宅地だったのだ。そこに住んでいた人はどこに行ったのだろう。

東京オリンピック当時の記憶はないが、物心ついてからは、親をはじめいろいろな大人たちから断片的に聞かされていたので、そういう時に自分は生まれたのだな、という意識は自然と持つようになった。日本選手団が開会式で着る赤と白のユニフォームなどを見たくて、カラーテレビを購入する人がぐんと増えた、ということを聞きながら、自分の家はちがったんだな、と思う。記憶の中の最初の家のテレビは、白黒だった。当時のテレビは、どの家でもレースや布で覆われたりしていて、丁重に扱われていた。

1964年10月10日の東京オリンピックの開会式を東京駅構内でテレビ中継を見ている写真がある。一見、どこにテレビが？　と探してしまったのだが、中央上部に、たしかにある。おそらく最後尾に脚立を立てて撮ったのではないかと思われるが、テレビの画面がおそろしく遠く、テレビ画面はとても小さい。スーツの男性がほとんどなので、通勤途中に足を止めて画面に見入っているといったところだろうか。目を凝らしてやっとなにかが動くのが分かるくらいではないかと思う。しかしどれだけ鮮明に見えるかどうかというより、これだけ大勢の人と今、同じ日本の、東京の空の下でオリンピックが今始まったという興奮を共有する気分が大事だったのだと推察する。彼らが子どもだったときには、スポーツ選手が動いている姿をリアルタイムの映像で見るなんてことは、できなかったことなのだから。

私が物心ついた頃には、東京オリンピックが終わって何年も経っていたのだが、アジアで初めて行われたオリンピックの

ことは、大人たちから誇らしく語りつがれる形で聞いていた。中でも「東洋の魔女」と呼ばれた女子バレーボールチームのことは、少女だった私たちの心をぐっと掴んだ。バレーボールブームを反映して製作されたと思われる『サインはV』(ドラマ)や『アタックNo.1』(漫画、アニメーション)に夢中になった。ドラマやアニメーションの放送があった翌日は、学校でひとしきりその話題を話した。「回転レシーブ」「時間差攻撃」「稲妻落とし」「竜巻落とし」「三身一体」など、実在なのかフィクションなのかが区別がつかないまま、華麗なネーミングの技に夢中になっていた。

「回転レシーブ」が確かにあったこと、そしてその瞬間を写真で見ることができ、胸が高鳴った。体格では欧米人に及ばなくても、小回りのきく身体で技術を駆使して勝つ、そんな心意気が、女性たちを中心に多くの人の心を動かしたのだと思う。「ママさんバレー」と呼ばれた、地域の主婦らによるバレーボールチームも盛んだった。

ところで「ママさん」という言葉、「ママさんコーラス」も盛んだったこともあり、当時はよく使われていた気がするが、最近は耳にしない。母親のことをずっと「ママ」と呼び続ける人も減った気がする。当時は「ママ」という語に、モダンでおしゃれな新しい時代の母親像を見ていたのだろう。今は、舌がまだうまく回らない小さな子どもが口にする幼い呼び方にイメージが変化した上に、女性を「ママ」という概念でひと括りにすることへの抵抗感も加わって「ママさん○○」は減少していったのかな、と思う。

エチオピアのマラソン選手のアベベ・ビキラのことは、「裸足のアベベ」と、枕詞付きで教えられたので、東京オリンピックで金メダルを取ったときの写真を見たときは、ちゃんと靴を履いているではないか、と思ってしまった。実際に「裸足」だったのは東京オリンピックの前のローマオリンピックで優勝した時。「裸足」には、体一つで他になにも持たない、あるいは貧しさの象徴として使われていた部分もあったように思う。実際には貧しくて靴が履けなかったわけではなく、競技前に靴が壊れ、合う靴もなかったことから裸足で走ったということらしいのだが。

スポーツ科学が発達して、昔のように精神論や根性論でがむしゃらにがんばらせようとする悪しき慣習は減ってきたとは思うが、いまだにスポーツ選手にはやたらと「がんばれ」の言葉が浴びせかけられる。同じ人間であることを忘れ、超人的な存在として、過度な期待が寄せられる。自分が走るわけでも、手助けするわけでも、なんらかの努力をするわけでも

ないのに、なぜあらゆるスポーツに於いて、人はそのスポーツをする人になにかを言いたくなるのだろう。「国民の期待を一身に背負って」という決まり文句に出てくる「国民」とは一体誰なのか。「国民」と括られると、急にその存在が漠然とし始め、顔がぼやけてしまう。

1964年10月21日に、東京オリンピックの男子マラソンは行われた。最初に代々木競技場に戻ってきたのは、前述のアベベ。その背を追って入ってきたのは円谷幸吉。ゴール前で英国のヒートリーに抜かれ、銅メダルとなった。

円谷幸吉という人の名前、そしてエピソードについては、私はあとから徐々に知ることになった。マラソンを始めたのは、オリンピックの1年半ほど前で、経験の浅さから、他の選手に比べて注目されていなかったこと。ハードワークによる腰痛の持病を抱えていたこと。次のメキシコオリンピックへ向けて過度の期待をかけられていたにも関わらず、練習環境が思うようにいかなかったこと。所属していた自衛隊の方針により婚約破棄に至ったこと。遺書を残して自殺したこと。遺書の中で、「おいしゅうございました」が繰り返され、家族や親族などにもらった食べ物が列挙されていたこと。「幸吉は、もうすっかり疲れ切ってしまって走れません」という痛切な一文があること。

オリンピックが彼の人生をゆさぶり、その後、悲しい結果をもたらしたのだ。

東京オリンピックの多数のメダル獲得は、日本という国が敗戦から復活し高度経済成長を続け、欧米諸国と対等の力があることの象徴のように捉えられた。円谷幸吉の死は、そこに一点の疑問を今も投げ掛け続けている。一人の人間に、「国」を背負わせることへの。

オリンピック理念の根本を作ったピエール・ド・クーベルタンは、勝つためではなく、いかに努力し、健闘したかがオリンピックに於いても人生に於いても大事なのだと説いた。この言葉も又、56年ぶりに新しいオリンピックを迎えようとしている、日本に、東京に、新しく響く。

1964年の東京オリンピックからの歳月が、そのまま私の年齢となっている。当時の街並みや服装が古めかしいものに思えるほどに長い年月が過ぎてしまった。記憶にない頃に行われた東京オリンピックは、時代の影としてその長い歳月の背後に漂っていた。ふたたび東京にオリンピックが開催されることになり、その影はにわかに濃く、リアルなものとして迫ってくる。今回の写真展によって、オリンピック選手と、そのまわりにいた老若男女の姿や表情を詳しく見ることができるのは、貴重なことである。

人口も給料も増えていく一方だった1964年。人口は減り、給料は長年横ばい状態が続く中で迎える2020年。しかし、オリンピックの規模は格段に大きくなった。今を生きている人々よりも、1964年に写真に刻まれた人々の表情の方が活気と興奮に充ちているように見えるのは、穿ちすぎだろうか。2020年の日本で、人々はどんな表情を残すのだろう。

世界中に様々なスポーツの世界大会は存在する。しかし、一つのマラソンの世界大会や、水泳大会が世界経済を大きく変える、ということはないだろう。もはやオリンピックは、4年に一度、政治や商売に利用される大がかりなビジネスイベントと化しているように感じる。誰のための、なんのためのお祭りなのかを、見失わないようにしたい。

スポーツの才能を持った若者一人一人の努力、それを支える一人一人の想いは貴いものだと信じる。一人一人のその努力を見届ける場である、ということを忘れないようにしたい。写真に切り取られた時点で、その時間はもう失われた時間だ。失われていく時間の中に生き、見開いていたカメラマンの瞳が光を通じて切り取ったものを、冷静に感じたい。

1964年9月8日に、オリンピックの聖火リレーは、まだアメリカ合衆国の施政権下にあった沖縄で引き継がれ、始まった。沖縄はその8年後、日本に返還された。2020年の東京オリンピックの聖火は、福島県楢葉町から始まる。原発事故の被害を被り、避難を余儀なくされた町に聖火が点り、その火が、4ヵ月をかけて日本中をめぐる。50年後にも100年後にも通じる、美しい希望の炎であってほしい。

　　ふたたびのリボンを結び美しき手に運ばれる炎のつばさ
　　　　　　　　　　　　　　　　　　　　　　　　東　直子

写真提供 / Photo Credits（50音順）

AP通信社 / Associated Press（99, 104, 122）
共同通信社 / Kyodo News
新華社 / Xinhua News（98）
タス / TASS（92）
UPI / UPI（88）

熱気・五輪・1964
― 定点観測者としての通信社 ―

展覧会

2019年12月15日〜12月25日
東京国際フォーラム　ロビーギャラリー

主催
公益財団法人 新聞通信調査会

協力
共同通信社

総合企画
米山司理（公益財団法人 新聞通信調査会）

写真選定
君波昭治、飯岡志郎
山田　賀、木村彰宏、井上山美、大平貴子（共同通信社）

写真集

発行日
2019年11月1日

編集
公益財団法人 新聞通信調査会
共同通信社

執筆（五十音順）
飯岡志郎（共同通信社）
川本三郎（評論家）
君波昭治（共同通信社）
東　直子（歌人）

翻訳
米山司郎、アンソニー・ヘッド（共同通信社）

制作
erA

発行人
西沢　豊

発行所
公益財団法人 新聞通信調査会
〒100-0011 東京都千代田区内幸町2-2-1 日本プレスセンタービル1階
電話03-3593-1081　https://www.chosakai.gr.jp

ISBN 978-4-907087-16-6 C0036

©2019　公益財団法人 新聞通信調査会／共同通信社
本書の無断複写及び転載は、著作権法上の例外を除き禁じられています

Passion・Olympics・1964
–A news agency as eyewitness–

Exhibition

Dec. 15 - Dec. 25, 2019
Tokyo International Forum（Lobby Gallery）

Organized by
Japan Press Research Institute

In cooperation with
Kyodo News

Executive Producer
Morimasa Yoneyama（Japan Press Research Institute）

Photo Selection Board
Shoji Kiminami, Shiro Iioka,
Tadashi Yamada, Akihiro Kimura, Yamami Inoue, Takako Ohira（Kyodo News）

Catalogue

Published on
November 1, 2019

Edited by
Japan Press Research Institute
Kyodo News

Authors（in Alphabetical Order）
Naoko Higashi（Poet）
Shiro Iloka（Kyodo News）
Saburo Kawamoto（Essayist）
Shoji Kiminami（Kyodo News）

Translated by
Shiro Yoneyama, Anthony Head（Kyodo News）

Produced by
erA

Published in 2019 by
Japan Press Research Institute

All rights reserved. No part of the contents of this volume may be reproduced in any form whatsoever without the written permission of the publisher.
Copyright © 2019 by Japan Press Research Institute, Kyodo News